前言

QianYan

读书可以陶冶性情，可以博采知识，可以增长才干，使人开茅塞、除鄙见、得新知、养性灵。书中有着广阔的世界，书中有着永世不朽的精神，虽然沧海桑田，物换星移，但书籍永远是新的。阅读撼人心弦的高贵作品，就如同亲炙伟大性灵的教化，吸收超越生老病死的智慧，把目光投向更广阔的时空，让心灵沟通过去和未来、已知和未知。

世纪老人冰心说过一句话——“读书好，好读书，读好书”。读一本好书，可以使人心灵充实，使人明辨是非，使人充满爱心，使人行为文明、礼仪规范；相反，如果读一本坏书，则可能使人变得心胸狭窄、不知羞耻、自私残暴。

我们为什么而读书？大体有四种情况：一是为读书而读书，没有明显的目的；二是为了考上一所好大学；三是为了古人所说的“修身养性”；四是为了中华民族的伟大复兴。

在这四种人中，第一种人是最可怜的，因其无理想、无奋斗目标。没有理想的人犹如无源之水、无本之木。在青少年时代就没有人生理想，这是最可怕的。第二种人目标明确，父母花了大价钱将其送进中学，就是为了考个好大学，将来奔个好前程。古人所说的“书中自有黄金屋，书中自有颜如玉”，应是这类人的追求目标。第三种人读书，是为了“修身养性”。儒家曾把人生奋斗的目标定为三个层面七个字——“修身、齐家、平天下”。所谓“修身”，就是陶冶个人情操、培养个人品质，做社会的一个优秀分子；所谓“齐家”，就是说管理好家庭，甚至家族；所谓“平天下”，就是说你若能“修好身、齐好家”，那么就把你的才华进一步发扬光大，用来治理社会，为社会做贡献。“修身”是儒家人为自己定的最基本的人生标准。这种境界也是相当不错的。第四种人读书，乃为立志成为社会的栋梁之才。约一个世纪以前，有一位南开中学的学生在回答老师为什么而读书的时候，充满自信地说出“为中华之崛起而读书"的誓言，并用毕生心智去实现他的诺言，赢得了全中国乃至世界人民的敬重和爱戴——他，就是我们敬爱的周恩来总理。

事实证明，读书决定一个人的修养和境界，关系一个民族的素质和力量，影响一个国家的前途和命运。一个不读书的人、不读书的民族，是没有希望的。

亲爱的同学，若你热爱生命的话，那就认真读书吧！书籍是全人类智慧的结晶、是人类进步的阶梯，书籍可以帮助你跟上时代的步伐，实现创新的梦想。"半亩方塘一鉴开，天光云影共徘徊。问渠哪得清如许，为有源头活水来。"通过读书，可以让你掌握知识、增强本领、敢于创新，可以给你智慧、勇敢和温暖，可以使你成为知识的富翁和精神的巨人，成为我们伟大祖国21世纪高素质的建设者。

这套《实用一生的语言精华丛书》汇集了励志格言、名人诗词、人文、历史等方面的知识和美文，相信会成为你课余学习的上佳读物。

目 录

MuLu

爱屋及乌

【书证】

《韩诗外传》:"爱其人及屋上乌,恶其人者憎其胥。"

《孔丛子·连丛子》:"若夫顾其遗嗣,得与群臣同受厘福,此乃陛下爱屋及乌,惠下之道。"

【解释】

原意是爱一个人连带喜爱他屋上的乌鸦。比喻爱一个人连带关心与他有关的人和事。

【故事】

相传周文王去世后,儿子姬发继位,即周武王。姜太公继续担任军师。周武王又请同母弟姬旦(即周公)、异母弟姬奭(即召公)做助手,得到了其他几个诸侯的拥护。他觉得时机已经成熟,于是正式宣布,出兵伐纣。大军在孟津渡过黄河,向东北挺进,直通商朝的京都朝歌(今河南淇县东北)。因为商纣王早已失尽人心,军队士兵也不愿为他送命,逃的逃,降的降,起义的起义,朝歌很快就被攻克。纣王自杀,商朝就此灭亡。

周武王建周之初,对于怎样处置商朝遗留下来的权臣贵族、官宦将士,及怎样使局面迅速稳定下来,心里没谱,很是担忧。为此,他请来姜太公商量。问道:"该怎样对待商朝的人呢?"太公答道:"我听古人说,如果喜爱那个人,就连带喜爱他屋上的乌鸦;如果憎恨那个人,就连带厌恶他的仆从家吏。商朝的贵族、大臣、将士都是我们的敌对分子,除恶务尽,应该全部杀尽一个不留,您看怎样?"

最终,周武王没有采纳姜太公的主张,而是根据周公的建议,让那些人回家种田去了。

安如泰山

【书证】

《汉书·严助传》:"天下之安,犹泰山而四维之也。"

《上书谏吴王》:"变所欲为,易于反掌,安于泰山。"

《易林·坤之中孚》:"安如泰山,福喜屡臻。"

【解释】

意为安稳坚固得如泰山一样。

【故事】

西汉时期,汉高祖刘邦把一些刘氏的子弟分封到各地为诸侯,成立了若干王国。朝廷直辖的只留下15个郡,其余都分给了这些诸侯。当时,最大的王国就有五六个郡的地盘。汉高祖死后,各国诸侯就渐渐不听朝廷号令,等到了汉景帝刘启时,各王国与朝廷对抗的形势越来越严重。这时汉景帝的御史大夫晁错向景帝建议:削减各国领地,加强朝廷的权力和威信,以巩固汉朝的统一。

当时诸侯中,吴国是个大国,吴王刘濞的野心特别大,他早就有篡夺帝位的阴谋,便趁此机会挑拨和煽动其他诸侯,要联合起兵谋反。刘濞的郎中(官名)枚乘,字叔,淮阴(今江苏省)人。他不同意刘濞谋反,便上书劝谏。在枚乘给刘濞的谏书中,有这么一段话:"您要是能听取老臣的忠告,那一切灾难祸害就都可以避免。假如你一定要照您所想的那样去做,那局势就危险极了,要成功难于上天。如果您能立即改变原来的主意,那就很容易地像泰山一样安稳,不可动摇了。现在您要想一辈子都享受荣华富贵,有很大的势力,可是,您不用便捷的办法、稳当的措施,反而却要冒危险,自找困境。作为臣子,我实在是替您担心和不理解啊。"

枚乘如此苦口婆心地劝告刘濞,可是刘濞根本不听,枚乘很是失望,便离开吴王刘濞,投奔梁孝王刘武去了。

按图索骥

【书证】

《艺林伐山》:“伯乐知其子愚,但转怒为笑曰:‘此马好跳,不堪御也。’所谓按图索骏也。”

【解释】

索:寻找;骥:原意为好马。照着图像找寻好马。比喻办事不从实际出发,而是机械死板地套用陈规旧法。现多指依据线索去寻找。

【故事】

春秋时,秦国人孙阳是我国古代最著名的相马专家,人们都称他为“伯乐”,他写了一本《相马经》(或称《马经》)。

当伯乐年老的时候,他的儿子很想把父亲这套本领继承下来,以免失传。于是,他就死读他父亲写的《相马经》,将书中说的良马的额头是如何如何,眼睛又是如何如何,蹄子又是怎样怎样等几条牢牢地记在心里。有一天,伯乐带他出去,在路边看见了一只大蛤蟆,他便高兴地对伯乐说:“父亲,这是一匹良马。您瞧,它的额头、眼睛都跟您书上说的相像,好像就是蹄子不太一样。”伯乐听完又好气又好笑,就幽默地说:“这只‘马’好跳,无法驾驭!”伯乐的儿子还是不死心,把《相马经》读得烂熟。出去相马时,他还把《相马经》拿在手中,完全按照书上所描绘的各种马的图形,跟他所见到的马一一对照,不差分毫。结果,马是找到了,但不是一匹日行千里的骐骥良马,而是一匹性子很凶悍的劣马,根本不能使用。

伯乐知道后,便对他儿子说:“像你这样用按图索骥的愚蠢办法,哪能找到真正的好马呢?”

暗渡陈仓

【书证】

《赚蒯通》:“一不合明修栈道,暗渡陈仓;二不合击杀章邯等三秦王,取关中之地。”

【解释】

栈道:古代在山崖上用木料架起来的道路。陈仓:在今陕西省宝鸡市东,古代的战略要地。原意是表面上在修葺栈道,暗地里偷偷地通过陈仓。比喻表面上的所作所为只是为了掩人耳目,实际上却是另有图谋。

【故事】

秦朝末年,在推翻秦朝后,项羽、刘邦以及其他参加反秦战争的各路将领中,项羽势力最强,便自封为“西楚霸王”。项羽最不放心的是刘邦,就把巴蜀(今四川)和汉中(今陕西西南山区)的三个郡分给刘邦,封他为“汉王”,并以汉中的南郑为他的都城,想这样把刘邦关进穷乡僻壤。又在刘邦前面安排了章邯、司马欣、董翳三个秦国降将把守,让他无法回来。

刘邦虽然不服气,但他势力不如项羽大,只好领兵西上,开往南郑。他接受谋士张良的计策,把一路走过的用木板架设在险峻的悬崖上的栈道,全部烧毁。其目的有二:一是为了防备项羽的大军来进攻;二是为了迷惑项羽,让他以为刘邦真的不打算再出来了,从而放松对刘邦的戒备。

刘邦到了南郑,拜了一位很有才能的军事家韩信为大将,请他谋划夺取天下的军事策略。韩信准备东征入关,打开东进的大门,建立兴汉灭楚的根据地。韩信一方面加紧操练兵马,组建了一支训练有素的精锐队伍;另一方面,命樊哙、周勃等将领率1万名士兵去修复烧毁了的栈道,摆出一副要从栈道出来的架势。这时,守在关中西部地区的章邯,听到“汉王”刘邦要东征的消息,就在栈道口加强防守。

谁知,韩信修栈道只是摆个样子,他和刘邦暗中率领精锐部队抄小路袭击陈仓,趁章邯不备,取得了胜利。这就是韩信的“明修栈道,暗渡陈仓”的计策。

不到几个月的时间,刘邦又回到关中咸阳,而章邯、司马欣和董翳的地盘，全被刘邦收去了。

暗箭伤人

【书证】

宋·刘炎《迩言》："暗箭中人，其深次骨，人之怨之，亦必次骨，以其掩人所不备也。"

清·李汝珍《镜花缘》："有轻弃五谷的强盗，有茶毒生灵的强盗，有暗箭伤人的强盗，有借刀杀人的强盗。"

【解释】

暗箭：从隐蔽的、别人不易察觉的地方发射出来的箭。比喻暗中用手段害人。

【故事】

春秋时，郑国的郑庄公得到了鲁国和齐国的支持，准备去攻打徐国。

在那年的二月中旬，郑庄公检阅完部队，就派人给士兵发放武器。老将军颍考叔和一位年轻将军公孙子都，为了争夺兵车，两人吵了起来。颍考叔是一位勇将，从不服老，他驾上兵车，转身就跑。公孙子都年轻气盛，向来瞧不起人，当然不肯相让，拔出长戟赶忙追赶。可等他追到大路上，连颍考叔的影子都看不见。公孙子都非常恼火，怀恨在心。

这年七月，郑庄公和鲁国、齐国一起攻打徐国。当军队逼近徐国都城时，颍考叔一马当先，高举大旗，抢先爬上城头。公孙子都眼看着颍考叔就要立头功，心里越发嫉妒，他抽出箭，趁人不注意，对准颍考叔就是一箭，把颍考叔老将军射下城墙。另一位大将瑕叔盈以为是徐国的士兵杀死了颍考叔，连忙高举起大旗，继续指挥士兵进行战斗。最后，徐国的徐庄公逃亡到卫国。

八仙过海，各显神通

【书证】

《八仙出处东游记传》："却说八仙来至东海，停云观望。只见潮头汹涌，巨浪惊人。洞宾言曰：'今日乘云而过，不见仙家本事，试以一物投之水，而各显神通而过如何？'众曰：'可！'"

【解释】

意为各自都拿出自己的看家本领。

【故事】

在我国古代民间传说有八位神仙，他们是汉钟离、吕洞宾、铁拐李、张果老、韩湘子、蓝采和、何仙姑、曹国舅。有一次，八仙参加完王母娘娘的蟠桃盛会，驾着祥云，正要返回他们的住地东海蓬莱仙岛。他们一路上说说笑笑，不知不觉已经到了东海之滨，只见东海水连着天，天连着水，潮头汹涌，巨浪惊人。这时，吕洞宾向其他仙人建议说："我们赴蟠桃会时走云路，现在回蓬莱还走云路，就太乏味了。不如我们改走水路，大家可以各显神通，露一露咱们仙人的本事，怎么样？"众仙齐说："好！"

首先是袒胸跛足、蓬头垢面，腰间挂着个酒葫芦、手扶铁拐杖的铁拐李，只见他急忙解下系在腰间的酒葫芦，仰头喝光葫芦里的酒，把葫芦掷向波涛汹涌的海面，小葫芦渐渐变大了，在海面上像一只平稳的渡船，铁拐李一脚踏在上面，向着蓬莱方向疾驶而去。

汉钟离见了笑了笑，赶紧把手中的芭蕉扇掷向海面，这波涛滚滚的海水立刻就被扇子压得平静下来，汉钟离踏在上面，向铁拐李追去。

张果老从袖中取出一张纸，很快折成一头毛驴的模样，放在海里，只见纸毛驴蹬蹬蹄子，叫了两声，就变成了一只活毛驴。张果老急忙跨上驴背，倒骑着毛驴，追赶铁拐李、汉钟离去了。

吕洞宾把手中的桃木剑掷下海，这把桃木剑用千年桃木削制而成，非同寻常。它躺在海面上十分平稳，于是吕洞宾踏上去，如履平地一般，徐徐离去。

韩湘子也不甘落后，把手中的玉箫掷进海中，玉箫迎着海水发出美妙的乐音，韩湘子满面春风踏在上面，与吕洞宾并肩而行。

何仙姑见了，从花篮中取出一朵荷花扔到海里，荷花一落水中，就变成了莲花宝座。她坐在花蕊上，紧跟吕洞宾、韩湘子身后飘去。

曹国舅也紧紧跟上，将手中那个大拍板掷入海里，两只脚踏在上面走了。

最后是蓝采和，他将铁笛抛到海面，铁笛就变得像一只船，蓝采和乘着铁笛，跟在七仙之后，向着蓬莱仙岛驶去。

这就是"八仙过海，各显神通"的来历。

拔苗助长

【书证】

《孟子·公孙丑》："宋人有悯其苗之不长而揠之者，芒芒然归，谓其人曰：'今日病矣，予助苗长矣。'其子趋而往视之，苗则槁矣。"

【解释】

原意为采取拔苗的办法帮青苗生长。比喻违反事物发展的客观规律，急于求成，反而坏事。

【故事】

宋国有一个农夫，他日夜盼望自己田里的禾苗快些长大起来，就天天到田边去看，可是老不见禾苗长。农夫十分焦急。有一天，他想出了一个妙计，就跑到田里把每棵苗向上拔高一些，从早一直忙到天黑。他筋疲力尽回到家里，对家人说："好累啊，辛辛苦苦干了一整天，不过，总算没有白受累，田里的禾苗都长高了好些。"他的儿子急忙跑到田里去看，只见田里禾苗的叶子，都开始枯萎了。

百发百中

【书证】

《战国策·西周策》:“楚有养由基者,善射,去柳叶百步而射之,百发百中。”

《水浒传》:“善会飞石打人,百发百中,人呼为‘没羽箭’。”

【解释】

原意为每次射击都能准确命中目标,形容射击非常准确,也比喻做事或料事有把握,很准确。

【故事】

春秋时期,楚国名将养由基是著名的射箭能手。当时还有一位善射箭的将军,名叫潘党,他的每一支箭都能射中箭靶的红心。养由基对潘党说:“这不算什么本事,要在百步之外射中柳树的叶子,才算本事。”潘党不服,立即选定柳树上的3片叶子,并标明号数,叫养由基当场射之。养由基在百步之外连射3箭,按顺序将3片柳叶全部射中。

有一回,楚军和晋军在鄢郡作战。战斗中,晋将魏锜用箭射伤了楚共王的眼睛。楚共王恨之入骨,就给养由基两支箭,要他替自己报仇。结果,养由基只射了一箭就将魏锜给射死了,把剩下的一支箭还给了楚共王。后人就用“百发百中”来形容箭法的高超。

百闻不如一见

【书证】

《汉书·赵充国传》:“百闻不如一见,兵难逾度,臣愿驰至金城,图上方略。”

【解释】

指听见的次数再多,也不如亲眼见一次。

【故事】

西汉时期，宣帝即位，西北边境上传来警报，说羌人时常出没骚扰，攻占城池，杀害官吏，情况十分严重。宣帝立即召集文武百官，商量对策。大臣们都主张立即派遣大军，前去攻剿。可是宣帝征询谁可以率领大军前去的时候，却无人作声了。

这时，有个名叫赵充国的老将，76 岁了。他自告奋勇，表示愿意到西北边境去看个究竟。宣帝很高兴，并且对他说："依你估计，羌人势力如何，你需要多少兵马，多少武器和粮秣，尽管提出要求。"赵充国说："情况究竟如何，现在还不清楚，因此不便估计，更无法提出什么要求。百闻不如一见，我要求亲自去西北边境上看一看。等我到了那边，摸清了情况，再草拟方略，向您详细奏报。"

后来，赵充国到了西北的金城郡（在今甘肃兰州和青海西宁一带），进行了实地调查研究，他还渡过黄河，侦察羌人地区的形势，从俘虏口中问明羌兵各部首领之间的关系等情况。于是定出了驻兵屯守的计划，主张不对羌人进行攻剿，而采取分化瓦解，争取和好的政策，叫做"全师、保胜、安边之策"。赵充国再三奏报，反复分析实际情况，据理力争，终于说服了汉宣帝和文武百官，通过了赵充国的方案。实行以后，汉人和羌人一时的紧张关系缓和了，边疆也随即安宁下来了。

半途而废

【书证】

《礼记·中庸》："君子遵道而行，半途而废，吾弗能已矣。"

《后汉书·列女传·乐羊子妻》："河南乐羊子之妻者，不知何氏之女也。羊子尝行路，得遗金一饼，还以与妻。妻曰：'妾闻志士不饮盗泉之水，廉者不受嗟来之食。况拾遗求利，以污其行乎！'羊子大惭，乃捐金于野，而远寻师学。一年来归，妻跪问其故。羊子曰：'久行怀思，无它异也。'妻乃引刀趋机而言曰：'此织生自蚕茧，成于机杼，一丝而累，以至成寸，累寸不已，遂成丈匹。今若断斯织也，则捐失成功，稽废时日。夫子积学，当日知其所亡，以就懿德。若中道而归，何异断斯织乎？'羊子感其言，复还终业，遂七年不返。”

【解释】

指做事有始无终，不能坚持到底。

【故事】

战国时代，在黄河以南的地方住着一位名叫乐羊子的人，他的妻子非常聪颖贤惠。

有一次，乐羊子在路上捡到一块金子，交给了妻子。妻子对他说：“我听说有志向的人是不会饮用盗泉的水的，因为光是它的名字就是不光彩的、令人讨厌的；廉洁有志气的人宁可饿死也不会吃别人呼喊他过来施舍给他的食物的，更何况是去拾取别人遗失的物品，这是有损自己品行的事情。”乐羊子听了感到很羞愧，便将那块金子放回了原处，然后自己到外地找寻良师求学去了。

刚过了一年，乐羊子就回到了家里。他的妻子问他为了什么而回来，他说：“因为出门时间太长了，我很想家，于是就回来了，没有什么别的原因。”妻子听了后，拿着刀走到织布机前对乐羊子说：“这织机上的绢帛是由蚕茧所出，由织机织就。许许多多根丝一根一根地接连起来才有一寸长，然后一寸一寸积累起来才有一丈长，慢慢积累，最后直至形成一匹布。如果现在我将它割断，就前功尽弃了，以前织这匹布所用的时间和功夫也就都白白地浪费了。你求学读书，累积学识也是一样的道理，应该每天学习以获得新的知识，并不断地积累，这样才能使你的知识、学问及品行更加完善，日益提高。如果就这样半途而归，这和我割断这尚未织完的绢帛有什么不同呢？”乐羊子听了妻子的话非常感动，于是就回到求学的地方继续完成学业，一连七年都没有再回过家。

抱薪救火

【书证】

《史记·魏世家》：“以地事秦，譬犹抱薪救火，薪不尽，火不止。”

《淮南子·主术训》：“譬犹扬堁而弭尘，抱薪而救火。”

【解释】

原意为抱柴草救火，柴草没有烧完，火就不会熄灭。比喻消除灾祸时使用了错误的方法，结果使灾祸造成的后果更加严重。

【故事】

战国时代，秦国经常侵略魏国。安釐王元年，在秦国的一次入侵中，魏国连连失利，被秦国占领了两座城池。第二年，又被秦军攻打下了两座城池，直逼魏国都城大梁。韩国派援兵去救魏国，后也被秦军击败。魏国迫于无奈，只得同意割让一部分国土给秦国，才解决了这次的危机。但是，在第三年，秦国再次攻打魏国，强行占领了魏国的四个城池，并杀死了数万名魏国人。到了第四年，秦军更加猖狂，魏、韩、赵三国军队被秦军打败，死伤约15万人，魏国大将芒卯也失踪了。魏军的节节败退使得懦弱无能的安釐王惶恐不已。他听从了魏国另一位大将段干子的建议，想再次割让土地给秦国，请求秦国撤军议和，以求得太平。

在提出并一直主张"合纵抗秦"的苏秦死后，他的弟弟苏代继承了哥哥的遗志，主张六国联合起来，一起对抗秦国。他不赞同安釐王向秦国割地求和的做法，便对安釐王说："侵略者是贪得无厌的，你这样想用领土和主权换取和平是不可能办到的，只要你的国土还没有割让完，国土还存在，侵略者的欲望就不会泯灭。你这样做就好像是抱着柴草去救火，将柴草一把一把地投入到火中，这样火如何能够熄灭呢？你的柴草一天没有被烧尽，大火也就一天不会熄灭。"但是安釐王没有听从苏代的劝谏，一味向秦国屈膝求和，最终魏国被秦国所灭。

杯弓蛇影

【书证】

《晋书·乐广传》："尝有亲客，久阔不复来。广问其故，答曰：'前在坐，蒙赐酒，方欲饮，见杯中有蛇，意甚恶之，既饮而疾。'于时河南听事壁上有角弓，漆画作蛇，广意杯中蛇即角影也，复置酒于前处，谓客曰：'酒中复有所见不？'答曰：'所见如初。'广乃告其所以，客豁然意解，沉疴顿愈。"

【解释】

原意为将酒杯中的弓影当作了蛇。比喻因疑神疑鬼而自惊自惧。

【故事】

晋朝时，有一个名叫乐广的人。有一天，乐广请他的朋友在家中大厅喝酒。他们一边喝酒，一边聊天，很是高兴。可是，没喝多久，他的朋友便话少了，酒也不怎么喝了，好像有什么心事，没等乐广询问，便起身离去了。

这个朋友回到家里，立刻就病倒了，请医服药全不见效。乐广听到这个消息后，连忙赶到他的家中探望，问他这病的原因。他的朋友吞吞吐吐地说："那天在你家喝酒，我好像看见酒杯里有一条小蛇在晃动，心里很厌恶，感到浑身不自在。可是还是把酒喝了下去，回到家中，就一病不起了。"乐广听完朋友的话，心想，酒杯里绝对是不会有蛇的，一定另有缘故。于是，他回到家中，到那天喝酒的地方一察看，就明白是怎么回事了。乐广又来到朋友家中，再次邀请他到他家中饮酒，并说还会医好他的病。他的朋友见乐广这么热情邀请，不好意思拒绝，而且听说还能治好病，就半信半疑地起身同到乐广家中。

他们仍然坐在原来坐的地方。当乐广给朋友杯中斟上酒后，笑着问道："你看，今天杯中有没有小蛇呢？"他的朋友一看酒杯，忙叫道："有！好像它还在晃动呢！"乐广不慌不忙，起身把墙上一张漆了彩色的弓取了下来，再问道："现在，你再看看，还有小蛇吗？"原来，酒杯中并没有什么小蛇，而是那把弓的影子，恰好映落在那酒杯里。这时乐广的朋友才恍然大悟，心里的疑惧顿时没有了，病也就完全好了。

杯水车薪

【书证】

《孟子·告子上》："仁之胜不仁也，犹水胜火。今之为仁者，犹以一杯水救一车薪之火也，不熄，则谓之水不胜火。此又与于不仁之甚者也，亦终必亡而已矣！"

【解释】

原意是用一杯水去救一车柴草的火。比喻力量太过微薄，起不了什么作用，解决不了问题。

【故事】

孟子，名轲，邹国（今山东邹县）

人，是战国时代著名的思想家。他继承了孔子的儒家学说，以“仁”为主导思想，反对霸道，主张仁道，到处呼吁当时的封建统治者实施“仁政”，以获得民心，进而统一天下。他所谓的“仁政”，在战事连绵不断、人民苦于虐政的战国时代，一定程度上反映了人民的愿望，有一定的进步意义。不过，恐怕连孟子自己也知道，推行“仁政”难于上天。可是他还是坚定不移地到处宣扬他的主张。

他说：“仁一定能战胜不仁，好比水一定能战胜火一样。但是现在有些讲‘仁’的人，舍不得下大工夫，仅仅用一小杯水，就想去扑灭一大车柴所烧起的大火，谈何容易啊！如果由此就下结论，认为水不能胜火，这样就反而会助长不仁者，使他们更加不仁。而这些人自己原有的那点施行仁政的思想也就此完了。”

背水一战

【书证】

《史记·淮阴侯列传》：“信乃使万人先行，出，背水陈。赵军望见而大笑。”

【解释】

背水：背靠着江水，表示没有退路比喻决一死战，死里求生。

【故事】

秦末汉初，汉王刘邦手下有一员大将，姓韩名信，淮阴(今江苏清江西南)人。为了打败西楚霸王项羽，夺取天下，韩信为刘邦定计，先攻取了关中，然后东渡黄河，打败并俘虏了背叛刘邦投降项羽的叛将魏王豹，紧跟着再往东攻打赵王歇。

当韩信率兵攻进赵地，来到井陉口(今河北井泾县)，遇到了赵国的大军。于是，韩信令队伍开到离井陉口30里的地方驻扎下来。到了半夜，韩信派出2000名精干的骑兵，让他们每人拿一面汉军的旗帜，偷偷地从小路隐蔽前进，在赵军离开营地后迅速冲入赵军营地，换上汉军旗帜。如发现赵军后退，就迎头痛击。随即又派出1万多人到井陉口外绵蔓河的岸边，背水为阵，待机迎敌。到了天亮，赵军一看韩信背水布阵，都讥笑他不懂兵法，是自寻死路，便决心一举歼灭汉军。于是，双方展开了激战。不一会儿，韩信率军佯装败退，赵军紧紧追赶，当汉军退到水边时，韩信下令反击。汉军士兵因为知道没有退路了，再退就是死路一条，便掉过头来奋勇杀敌，锐不可当，使赵军伤亡惨重。赵军知道一时无法取胜，便下令回营，以便整顿军队后再战。因为赵军将领自恃拥有20万大军，怎么会打不过3万汉军呢？可是，他们万万没有想到，他们的营中已插满了汉军的旗帜，见赵军退了回来，就迎头痛击，使赵军处于两面夹击之中。赵军四散奔逃，汉军乘胜追击，结果，汉军大获全胜。

事后，将领们问韩信："您如此背水一战，我们恐怕连想也不敢想，而将军却以此获胜，这是什么道理呢？"韩信笑着说："这也是兵法上有的，只是你们没有注意到罢了，兵法上不是说'陷之死地而后生，置之死地而后存'吗！"韩信认为敌军多，汉军少，而且汉军又是沿途扩招的新兵，没有经过训练，互相又不熟悉，战胜敌人唯一的办法，就是要他们拿出拼命的劲头来，背水一战。

事实证明，韩信的谋略是成功的。

鞭长莫及

【书证】

《左传·宣公十五年》："古人有言曰：'虽鞭之长，不及马腹。'"

《官场现形记》："除掉腹地里几省，外国人鞭长莫及，其余的虽然没有摆面子上的瓜分，暗地里都各有了主子了。"

【解释】

莫及：达不到。鞭子虽然长，但还是打不到马的腹部。比喻力量不够，达不到。

【故事】

春秋时，楚庄王派申舟访问齐国。途中要经过宋国，按理应事先通知一下宋国，可楚庄王自恃国家强大，不把宋国放在眼里，说："不用通知宋国，只管过去就是。"这举动激怒了宋国。当申舟经过宋国时，宋国就把他扣下，并杀了申舟，以示宁可战败而亡国，也不受屈辱。

楚庄王听到了申舟被杀的消息，立刻发兵攻打宋国，包围了宋国的都城。宋国派人去晋国求救。晋侯想出兵援救宋国，但是大夫伯宗劝告说：“虽鞭之长，不及马腹。路隔太远，恐怕难以援救，不如另想办法。”晋侯便派遣大夫解扬去宋国，告知宋国国君要坚守到底，不要投降。

最后，由于宋国的坚持抵抗，楚国一时难以取胜，只好跟宋国讲和。

宾至如归

【书证】

《左传·襄公三十一年》：“宾至如归，无宁灾患，不畏寇盗，而亦不患燥湿。”

【解释】

比喻客人来到这里就像回到自己家中一样。

【故事】

春秋时代，郑国大夫子产奉郑简公的命令，出访晋国。

当时，正逢鲁襄公刚刚去世，晋平公就借口为鲁国国君致哀，而不出去迎接。子产知道这是晋平公在摆大国君主的架子，就命令随行人员把晋国宾馆的围墙拆掉，然后把马和车开进宾馆。晋国大夫文伯得到报告，大吃一惊，马上赶到宾馆质问子产：“我国为了防止盗贼，保证诸侯来宾的安全，建造了宾馆，修筑了围墙。我们是诸侯的盟主，各国前来拜访的宾客特别多，现在你把围墙拆了，这安全怎么保障？”子产答道：“我们郑国是小国，得按时晋献礼品。现在，贵国国君没有空接见我们，我们又不能擅自把礼品送往国库，也不敢把礼品放在露天的地方，否则东西受了潮，或者干坏，或者被虫子蛀蚀掉，我们就更担当不起了。记得晋文公当政时，接待诸侯来宾就不是这样，那时宾馆敞亮，像王宫一样，道路平平展展，冬天火生得很暖和。招待得热情周到，不光宾至如归，连车马也安顿得很好。既没有什么盗贼，也不怕礼品潮干虫蚀。而现在的宾馆像奴隶住房，院门又窄又小，连车子都不好进，又不知何时国君才能接见。这不是有意为难我们吗！”

文伯将这番话如实报告了晋平公，晋平公自知理亏，便亲自向子产认错道歉，并下令重修宾馆。

兵贵神速

【书证】

《三国志·魏书·郭嘉传》:"兵贵神速。今千里袭人,辎重多,难以取利,且彼闻之,必为备;不如留辎重,轻兵兼道以出,掩其不意。"

【解释】

指用兵神速,出其不意,攻其不备,使敌人猝不及防,就会取得胜利。

【故事】

三国时期,曹操打败了据有冀、青、幽、并四州(今山东、河北、山西等地区)的袁绍,杀了袁绍的长子袁谭。袁绍的另外两个儿子袁尚、袁熙逃走,投奔了辽河流域的乌丸族首领蹋顿单于。蹋顿不忘袁绍昔日的恩惠,决心支持袁氏兄弟。他经常派兵侵扰汉朝边境,破坏边境地区人民的正常生产和生活。曹操深感忧虑,有心要去征讨袁尚及蹋顿,但有些官员担心远征之后,荆州的刘表会乘机派刘备来袭击曹操的后方。

曹操有个谋士名叫郭嘉,字奉孝,颍川阳翟(今河南禹县)人。他足智多谋,深受曹操的信任和重用。他分析了当时的形势,对曹操说:"乌丸仗着地处边远地区,必然是不会防备的。现在,我们进行突然袭击,一定会消灭他们。如果延误时机,让袁尚和袁熙喘过气来,重新召集残部,乌丸各族响应,只怕冀州、青州又要不属于我们了。刘表知道自己才能不及刘备,不会重用刘备,而刘备不受重用,他也就不肯多为刘表出力。所以您只管放心远征乌丸,不会有后顾之忧的。"曹操认为郭嘉分析得有道理,于是便率领军队出征。到达易县(今属河北)后,郭嘉又对曹操说:"用兵贵在神奇迅速,使敌人难以料到。现在到千里之外的地方作战,军用物资多,行军速度就慢,如果乌丸人知道我军的情况,就会有所准备。不如留下笨重的军械物资,部队轻装,快速前进,乘敌人没有防备发起进攻,那就能大获全胜。"曹操采纳了郭嘉的建议,亲自率领数千精兵轻装快速行军,直达蹋顿单于驻地。乌丸人惊慌失措,乱成一团,曹军将士长驱直入,杀得蹋顿部队一败涂地。

不耻下问

【书证】

《论语·公冶长》："子曰：'敏而好学，不耻下问，是以谓之文也。'"

【解释】

不因向学问或地位不如自己的人请教而感到可耻。

【故事】

孔子是我国春秋时期伟大的思想家、政治家、教育家，是儒家学派的创始人。人们都尊奉他为天生的最有学问的"圣人"。可是，孔子却认为，无论是什么人，也包括自己，都不是生下来就有学问的。有一次，孔子去太庙参加鲁国国君祭祀的典礼。他一进太庙，就不时向人问这问那，差不多每件事都问到了。当时就有人在背后嘲笑他，说他不懂得礼仪，到了太庙，什么事都要问。孔子听到人们对他的议论后说："我对于不懂、不明白的事，问个清楚，这正是我要求知礼的表现啊！"

那时，卫国有一个叫孔圉的大夫。此人为人正直，虚心好学。按当时社会的习俗，凡有身份地位的人死后，要另起一个称号，即谥号。孔圉死后，授予他的谥号为"文"，所以后来人们又称他为孔文子。孔子的学生子贡听到了，有些不服气，他认为孔圉不应该有如此的谥号。于是，就去问孔子："老师，孔文子凭什么可以被称为'文'呢？"孔子回答说："孔圉聪明而勤学，不以向职位比自己低、学问比自己差的人求学而感到耻辱，所以用'文'字作为他的谥号。"后来孔子这句"不耻下问"就成了成语。

不寒而栗

【书证】

《史记·酷吏列传》:"是日皆报杀四百余人,其后郡中不寒而栗。"

《报孙会宗书》:"众毁所归,不寒而栗。"

【解释】

原意为不寒冷而发抖。形容非常恐惧。

【故事】

西汉武帝的时候,有个名叫义纵的人,原本是个盗贼,因他姐姐义姁是个医生,曾医好了皇太后的病,皇太后很宠爱她,义纵也因此做起官来。他先在上党郡某一个小县做县令,后来,又升为长安县令。他在任职期间,能够依法办事,不讲情面,也不怕得罪有权有势的贵族,所以在他的管辖地治安有很大的改变。汉武帝认为他很有才干,又敢作敢为,执法严厉,政绩突出,就提升他为河内郡都尉,后又升为南阳太守。

那时,南阳城里居住着一个名叫宁成的督尉,这个人十分残暴,利用手中掌管关税的权力横行霸道,百姓们都非常害怕他,当地官吏和过往的商人,甚至连出关进关的官员都不敢得罪他。当时,人们都说,让宁成做官好比将一群羊交给狼去管了。义纵得知南阳百姓对宁成的不满,就想惩治他。而宁成听说义纵要来南阳任太守,也有些不安,等义纵来到南阳那天,带领全家男女老少恭恭敬敬地站在路旁迎接义纵,义纵理也不理、看也不看。上任后,就立即派人调查宁成和他的族人,凡是查到有罪的,一律抄家,统统杀掉。最后,宁成被判了刑,他的全家也都全部处死了。对此,当地百姓十分惊骇。这样一来,当地有名的富豪孔氏、暴氏两族,因也有劣迹,被吓得都逃离了南阳城。

义纵这种苛酷的作风,让那些贪官恶霸非常恐惧,即使不寒冷也吓得发抖。这就是"不寒而栗"这个成语的由来了。

不求甚解

【书证】

《五柳先生传》："好读书，不求甚解，每有会意，便欣然忘食。"

《官场现形记》："这人小的时候，诸事颟颟顸顸，不求甚解。"

【解释】

原指读书只知道一个大概，不在深刻理解上多下工夫。现在多指学习态度不认真，不求深入理解。

【故事】

晋代著名诗人陶渊明出身于官宦之家，但幼年时期，家道衰落，生活十分贫困。他做过一些地方小官，亲眼看到了官场的种种黑暗，由于性情刚直坦率，受不了做小官的拘束和折磨，总是干不了多久，就辞官回家。他做彭泽县令时，上面派官员下来视察，县里的下级官吏要他穿好衣服，扎好腰带，以隆重的礼节去迎接。陶渊明一听就火了，愤然说道："我岂能为这区区五斗米，去向那些小人低头折腰！"于是当即摘下官帽，脱掉官服，辞官回家了。

在看透了官场尔虞我诈、腐败黑暗的丑恶内幕后，陶渊明更喜欢清静闲散的田园生活。他在勤劳耕作之暇，或与好友饮酒畅谈，或在家里读书吟诗，虽然生活清贫，但却十分惬意。他的家门前有五株柳树，柳荫之下，便是他饮酒赋诗的地方。因此他就自称"五柳先生"。他曾写了一篇自己的小传《五柳先生传》。

在《五柳先生传》中，陶渊明谈到自己的读书体会："好读书，不求甚解，每有会意，便欣然忘食。"

不屈不挠

【书证】

《齐民要术》:“白杨性甚劲直，堪为屋材，折则折，终不曲挠。”

《汉书·叙传下》:“乐昌笃实，不桡不诎。”

【解释】

比喻人的意志十分顽强，不向任何恶势力屈服。

【故事】

西汉时期，王商是汉成帝的丞相。他为人耿直，作风正派。

汉成帝三年的秋天，京都长安城中纷纷传言说要发大水了，长安城就要被水淹了，于是，整个长安城的老百姓都惊慌起来，连忙收拾东西，扶老携幼，争先恐后地逃命。消息传到宫中，汉成帝速召集文武百官，商量对策。汉成帝的舅父、大将军王凤也被吓得惊慌失措，劝成帝、太后赶紧躲到船上去，准备随时撤离。大臣们也很赞同大将军王凤的意见。只有丞相王商站出来，表示坚决的反对，他认为大水不可能突然而来，一定是谣传，在这关键时刻，皇上、太后更不能轻易撤离，要不然，会使人心更加慌乱，后果不堪设想。汉成帝认为王商说得有理，同意了他的意见。过了一阵，城里也没有见什么大水到来。事实证明是谣传，百姓们也就很快安定下来，城里的秩序也慢慢恢复了。汉成帝对王商能独排众议，以朝廷为重的态度很是赞赏。可是，王凤却认为是王商使他丢了面子，下不了台，因此对王商极为不满。

王凤有个亲戚叫杨彤，任琅玡太守，他依仗权势，胡作非为。王商要治他的罪，王凤为此亲自跑到王商面前，为杨彤说情，开脱罪责。王商不理睬，依然坚持罢了杨彤的官，定了他的罪。这使王凤更加怀恨在心，千方百计想报复王商。汉成帝听信了谗言，竟罢免了王商的丞相职务。但是，是非自有公论，《汉书》的作者班固在撰写王商的传论时，对王商作出了公正的评判：为人诚实公正，不屈不挠。

不入虎穴，焉得虎子

【书证】

《后汉书·班超传》："不入虎穴，不得虎子。"

清代曾朴《孽海花》："超如微笑道：'不入虎穴，焉得虎子！'佛不入地狱，谁入地狱，本师只求救国，决不计较这些，只是没有门径也难。"

【解释】

原意为不进入老虎的洞穴，怎么能够抓住老虎的幼崽。比喻没有经过艰险，就无法取得成功。

【故事】

东汉名将班超奉汉明帝之命，出使西域各国。他到鄯善国时，鄯善王起初对他很恭敬，把他当作最尊贵的客人热情招待，彼此关系十分友好。过了不久，匈奴也派使者来到鄯善国联络。匈奴见鄯善王对班超这么优待，便从中挑拨，说了许多坏话。鄯善王听信了匈奴使者的话，渐渐地对班超冷漠下来了，还产生了敌意。班超发觉了鄯善王的变化后，就立刻召集随从，商量对策。他提议先下手杀死匈奴使者，再降服鄯善王。可他们只有36个人，太少了，随从们担心寡不敌众，有些犹豫。班超果断地说："不入虎穴，焉得虎子！目前我们只能迅速主动找敌人拼命，才有希望保全自己！"到了深夜，班超就率领36人，奔向匈奴使者的营地进行突然袭击。他先派人拿着弓箭刀枪，埋伏在敌营两侧，然后趁风放了一把火，击鼓呐喊，一同杀出。匈奴人没有防备，从睡梦中惊醒，不知道汉军来了多少人马，吓得没命乱逃。匈奴当场被杀死了30多人，还被烧死了近百人。第二天，班超把鄯善王请来，把匈奴使者的首级拿来叫他查看，并好言安慰一番，鄯善王这才心悦诚服，表示愿意同汉朝进一步发展友好关系。

不学无术

【书证】

《汉书·霍光传》:"然光不学亡(无)术,暗于大理。"

《官场现形记》:"都说他的人是个好的,只可惜了一件,是犯了'不学无术'四个字的毛病。"

【解释】

指不下工夫学习。没有学问,没有本事。

【故事】

西汉名将霍去病有一个同父异母的弟弟,名叫霍光,被汉武帝封为郎中。霍光为人乖巧,处事谨慎小心,他跟随武帝28年,从未出过任何差错,所以汉武帝十分信任他。武帝临终前,封霍光为大司马大将军,要他与桑弘羊一起辅佐年幼的汉昭帝。汉昭帝死后,霍光又接连迎立昌邑王刘贺、刘询为皇帝。霍光成了三朝元老,掌握了国家重权,成为朝廷内外权势显赫的人物。在他辅政的20年里,推行减轻人民负担的政策,是有助于社会生产发展的。虽然霍光对汉朝刘氏王朝作出过一定的贡献,但他居功自傲,不好学习,不明事理,独揽大权。大臣们有什么事必先请示他,然后才可上奏皇上。宣帝刘询继位后不久,霍光的妻子想把自己的小女儿嫁给刘询做皇后,但刘询已有了徐皇后,并还有了身孕。霍光的妻子不肯罢休,想出毒计,买通女医,毒死了皇后。事发后,霍光不但隐瞒包庇妻子,还为女医求情。正因为霍光不学无术、不明事理,缺乏深谋远虑,因此在他死后不久,霍家就被满门抄斩了。

据说,北宋时,宋太宗的宰相寇准在接待他的挚友张咏时,曾诚恳地请张咏赠言指教。张咏也非常真诚地劝寇准读一下《汉书·霍光传》。寇准找来《霍光传》从头到尾细读了一遍。当读到"光不学无术"这一句时,寇准笑了笑说道:"此张公谓我矣。"

不遗余力

【书证】

《史记·平原君虞卿列传》:“秦不遗余力矣,必且欲破赵君。”

《战国策·赵策三》:“秦之攻我也,不遗余力矣,必以倦而归也。”

【解释】

一点儿剩余的力气都不留,将全部的力量都使出来。

【故事】

战国时期,秦王的大将白起,在赵国的长平打败了由赵将赵括率领的40万大军。秦王乘机要挟赵王,要赵王割让6座城池给秦国,作为讲和的条件。

赵王连忙召集大将楼昌和上卿虞卿商议。赵王说:“长平一战,我们吃了败仗,我想集中全部兵力与秦军再决一死战,你们看怎么样?”楼昌说:“这样做没有用,还不如派亲信使臣到秦国去求和吧。”虞卿不同意楼昌的主张,向赵王问道:“大王,您看这次秦国究竟是想消灭我们赵国军队呢,还是打一打就回去呢?”赵王说:“秦国这次出动了全部军事力量,不遗余力地来攻打我们,那当然是打算消灭我们的军队。”虞卿接着又说:“既然这样,我们就应该带着贵重的礼物到楚国、魏国去,楚王、魏王他们贪财重礼,一定会接待我国使者,只要他们一接见,秦国会以为我们在同各国搞联盟来作对付,他就会恐慌,在那样的情况下,再去与秦国讲和,我们才有利。”可是,赵王没有听从虞卿的建议,还是派使者去了秦国求和。

虞卿知道此事后,就对赵王说:“这次求和肯定不会成功,赵军必败,因为秦王一定要把赵国求和的事情大肆宣传,让楚国和魏国都以为赵与秦两国讲和了,就不会出兵援救您了,秦王看到无人来援救赵国,到时您想求和,秦王也就不肯轻易地答应了。”

果然,正如虞卿所料,赵国求和不但没有成功,反而被秦国趁机包围了赵都邯郸,楚国、魏国不但不来援救,反而暗暗讥笑赵国。

沧海桑田

【书证】

《神仙传·王远》："麻姑自说云：'接待以来，已见东海三为桑田。向到蓬莱水浅，浅于往者会时略半也，岂将复还为陵陆乎？'"

【解释】

原意为大海变成陆地，陆地变成大海。比喻世界上的事物变化极大。

【故事】

传说很久以前有两个仙人，一个仙人叫王远，一个仙女叫麻姑。有一次，他们相约到蔡经家去饮酒。

到了约定的那一天，仙人王远在一批乘坐麒麟的吹鼓手和侍从的簇拥下，坐在5条龙拉的车上，前往蔡经家。只见他头戴着远游的帽子，身上披挂着彩色的绶带，腰间佩带着虎头形的箭袋，显得十分威风。

王远一行降落在蔡经家的庭院里后，簇拥他的那些人一会儿全部隐退了。接着，王远和蔡家的成员互相致意后，独自坐在那里等候仙女麻姑的到来。

王远等了好久还不见麻姑到来，便从空中招来了侍从，吩咐他去请仙女麻姑。蔡经家人谁也不知道麻姑是天上哪位仙女，便翘首企盼。

过了一会儿，侍从在空中向王远禀报说："麻姑命我先向您致意，她说已有多年没有见到先生了。此刻，她正奉命巡视蓬莱仙岛，稍待片刻，就会来和先生见面的。"王远微微点头，耐心地等着。没过多久，仙女麻姑便从空中降落下来，她的随从人员只及王远的一半。蔡经家的人这才见到，仙女麻姑看上去似乎只有十八九岁，长得非常漂亮。她体态十分轻盈，蓄着一头长到腰间的秀发，衣服不知是什么材料制的，连一条缝也没有，上面绣着五彩缤纷、像流云一样美丽的花纹，光彩耀目。

麻姑和王远互相行过礼后，王远就拍拍手吩咐开宴。席上的用具全是用金和玉制成的，珍贵而又精巧；里面盛放的菜肴，大多是奇花异果，香气扑鼻。所有这些，也是蔡经家的人从未见到过的。

宴会中间，麻姑问王远说："自从我得了道接受天命以来，已经亲眼见到东海3次变成桑田了。刚才到蓬莱时，看到海水比前一时期又浅了一半，难道它又要变成陆地了吗？”王远摇着头叹息道：“是啊，仙人们都说，大海的水在下降。不久，那里又将扬起尘土了。”宴会完毕，仙人王远、仙女麻姑各自招来车驾，升天而去。

草木皆兵

【书证】

《晋书·苻坚载记》：“又北望八公山上草木，皆类人形。”

《资治通鉴·晋孝武帝太元八年》：“又望见八公山上草木，皆以为晋军。”

【解释】

原意为看到草木都以为是敌方的士兵，形容人在非常恐慌的时候，稍有一点儿动静就会非常紧张，更加害怕。

【故事】

十六国时期，北方前秦的国王苻坚气势很盛，企图统一六国。他亲自率领80万大军攻打南方的东晋。东晋武帝派遣谢石为征虏将军，派谢玄担任前锋，带领8万军队前去抵抗。先锋谢玄先派广陵相刘牢之率精兵5000人，袭击了苻坚的先头部队，杀了前秦军将领梁成，又分兵切断秦军的后路，杀伤秦军士卒大约15000人。这一仗，挫败了秦军的锐气，晋军士气大振。

秦王苻坚和弟弟苻融登上寿阳楼，望见晋军阵势严整，十分威武，心中非常胆怯。他又遥望远处八公山，看见山上的草和树木，以为都是晋兵，苻坚更加恐惧。

晋军和秦军在淝水对峙时，晋军趁机设了一计，乘势渡过淝水，奋勇追击，大败秦军，苻融战死，苻坚狼狈逃走。苻坚晚上听见一点风吹草动，都以为晋兵追来了，吓得日夜不停地逃跑。

车载斗量

【书证】

《三国志·吴志·孙权传》注引《吴书》:“咨曰:‘聪明特达者八九十人,如臣之比,车载斗量,不可胜数。’”

【解释】

原意为用车载,用斗量。形容数量极多。

【故事】

三国时期,蜀主刘备的桃园结拜兄弟、蜀国大将关羽,为吴军所杀;其另一结义兄弟张飞因虐待士兵而引起部下的不满,被帐下的两名将士刺死。刘备心中愤怒、痛苦至极,决心要为他们报仇,便亲自率数十万大军,水陆并进,杀奔吴国而来。吴主孙权得知这个消息,很是惊慌,忙召集百官商议,决定派中大夫赵咨出使魏国,向魏文帝曹丕请求援助。孙权在赵咨出使前,对他说:“此去许都,休失了东吴的气节。”要赵咨维护一个独立国家的尊严。

赵咨到了魏国国都许昌,朝见魏文帝曹丕。曹丕轻视东吴,所以接见赵咨时态度十分傲慢,他向赵咨问道:“吴王是什么样的国君?吴国怕不怕我们魏国?”赵咨听了这些带有侮辱性的问话,心中很是气愤,作为吴国使者,他当然不能有失国家尊严。于是,赵咨一方面不失礼貌,一方面又很有分寸地回答:“吴王是位有雄才大略的人,重用鲁肃说明了他的智慧;选拔吕蒙说明了他的明智;取荆州而兵不血刃说明了他的仁义;据三州虎视四方说明了他有深谋远略;向陛下称臣说明了他很懂得策略。至于说到怕不怕,大国有征伐的能力,小国也有抵御的良策。何况吴国有雄兵百万,又有江汉天险,何必怕呢?”赵咨一番从容不迫、不卑不亢的回答,使曹丕十分叹服,便改用比较恭敬的口气问道:“像先生这样有才能的人,东吴有多少?”赵咨答道:“聪明又有突出才能的部下八九十人,像我这样的人,那简直是用车载、用斗量,数也数不清!”曹丕听到赵咨如此得体的回答,连声称赞说:“使于四方,不辱君命,先生当之无愧。”

城下之盟

【书证】

《左传·桓公十二年》:"楚人伐绞……大败之,为城下之盟而还。"

清代曾朴《孽海花》:"这还成个平等国的议和吗? 这就是城下之盟罢了。"

【解释】

比喻在兵临城下的时候,被迫与敌军签署屈辱的条约。

【故事】

春秋时期,有一次楚国攻打绞国,将大军驻扎在绞国都城的南门外。绞国人坚守城池,严守不出,楚国一时也攻打不下来。楚国的屈瑕说:"绞国是小国,地方小,人也见识少,缺乏计谋,我们应想办法把他们引诱出城。"屈瑕让伙夫们出外打柴,故意不派大兵保护,绞国的将军一见如此,便派遣士兵出北门,抓回来30多个打柴的楚国伙夫。第二天,绞国人又看见了许多楚军的伙夫在山上打柴,绞国人更大胆了,连忙派遣大批的士兵出城上山去捉拿楚国的打柴人。这时,楚国预先在山下埋伏的军队一齐杀了出来,另又派兵堵住北门,阻止绞军逃回城,将出城的绞国军士全部歼灭。绞国国王只好向楚军求和,被迫签订了"城下之盟"。

乘风破浪

【书证】

《宋书·宗悫传》:"叔父炳,高尚不仕;悫年少时,炳问其志,悫曰:'愿乘长风,破万里浪。'"

唐代李白《行路难》:"长风破浪会有时,直挂云帆济沧海。"

【解释】

比喻人有远大的志向、雄伟的气魄,能排除一切困难,奋勇向前。

【故事】

南北朝时期，宋朝武将宗悫，奉宋文帝之命令，南征林邑国。这林邑国原本是汉朝的一个县。汉朝末年，该县的“功曹”杀死县令，自立为王建立了这个小国。虽说国小，兵力不强，但也有些抗敌的办法。那林邑国王见到宗悫到来，便驱赶大象迎战，大象力气很大，皮又厚，刀枪也不容易刺伤，宋军难以取胜。宗悫回到营里，苦思冥想制服大象的办法。他设计制作了一些狮子的模型，安在轱辘上，推到阵地迎敌。大象见到狮子，吓得乱跑，宗悫立即指挥大军乘势追击，攻下了林邑国。宗悫进入林邑国国王的宫殿，看见宫殿里到处都陈列着珍品宝物，宗悫丝毫不取，让将士们整理封存好珍宝。

宗悫从小就有志向，他在少年时代就练就了一身武艺，有胆有识，体格很强壮。他哥哥宗泌结婚那天夜里，有几个强盗趁机抢劫，宗悫毫不畏惧，挺身而出，把强盗打跑了。有一天，宗悫的叔父宗炳问他：“你长大想做什么，说说你的志愿。”宗悫应声回答：“愿乘长风破万里浪！”叔父听了，十分高兴，料定宗悫将来会是大有作为之人。

宠辱不惊

【书证】

《老子》：“得之若惊，失之若惊，是谓宠辱若惊。”

《新唐书·卢承庆传》：“承庆嘉之曰：‘宠辱不惊’，考中上。”

【解释】

接受恩宠或羞辱都不惊讶，不在乎。

【故事】

唐太宗时，有一位负责考核的官吏，名叫卢承庆。他为人正派，办事公道，认真负责。

有一次，有一个运粮的官员，在他押解粮船的途中，突然刮起大风，河水掀起巨浪，把好几只粮船掀翻沉没了。卢承庆在考核这个运粮官时，以他沉船失粮的事故，给他打了个“中下”。在告知本人时，这个运粮官十分平静，既没有申辩，也没有表示任何的不满意。由此，卢承庆又想，粮船如遇大风，导致沉没，也不是他个人的力量可以挽救的，全部怪罪他，缺乏公允。于是，把“中下”改为“中中”。当这个运粮官知道后，既没有感谢之意，又无高兴之情，仍然很平静。卢承庆见他这样，非常称赞地说：“好！宠辱不惊，难得难得！”最后，又给他定为“中上”。

出奇制胜

【书证】

《史记·田单列传》：“兵以正合，以奇胜；善之者，出奇无穷。奇正还相生，如环之无端。”

唐代李翰《进张巡中丞传表》：“以少击众，以弱制强，出奇无穷，制胜如神。”

【解释】

奇：奇兵，从意料不到的地方突然出现的军队。制胜：取胜。指在战斗中运用奇妙的战术和策略，使敌人无法预料，从而战胜敌人。

【故事】

战国时期，燕国大将乐毅带领50万大军，联合了秦、赵、魏、韩四国的军队共同进攻齐国，把齐军打得落花流水，占领了齐国70座城池，只剩下莒城（今山东莒县）和即墨（在今山东平度东南）两座城池没有攻破。齐滑王只好逃到莒城。田单是齐王族的远亲，平时没人赏识他的才能，他也和家里人逃到即墨。不久即墨大夫也阵亡了，大家就推举田单做守城的统帅。

田单懂兵法，很有智谋，而且他还很受军民拥护，所以即墨城被乐毅围困了3年，还没有被攻破。田单知道，要打败乐毅的强大军队，光靠武力是不行的。于是他设计派人去燕国散布乐毅的流言，说乐毅有野心等等。这样一来，燕惠王对乐毅产生了怀疑，最后，燕惠王又派骑劫换下了乐毅。

骑劫是个残暴而又愚蠢的人，他到了齐国，虐待士兵，引起燕军将士对他的不满，渐渐地军心涣散，士气低落。

这时，田单一见时机已到，便一面派人到处散布齐国得到天神相助的谎言，一面把自己的精锐部队隐藏起来，让老弱和妇女去守城，同时还派人带了很多金子去向骑劫请降，请求燕军进攻时能让他们活命。这样，就使燕军放松了警戒。

田单训练了1000多头牛。他在每头牛身上披上画着奇彩异纹的布衣，牛角都绑上一把尖刀，尾巴上拴上浸过油的火绳。

夜深人静之时，齐军把牛从城洞中赶出去，点燃牛尾巴上的火绳，迫使牛群朝着燕军阵地狂冲乱撞，后面紧随化装成天兵天将模样的5000名士兵敢死队。

燕军受到这突如其来的怪兽的攻击，吓得又跳又叫，到处乱窜。结果是有的被踩死，有的被牛角上的尖刀刺死，有的被活活烧死。即使侥幸逃出火牛阵的，也被跟在后面的5000名精兵杀死。那个自视甚高的大将军骑劫，还没有搞明白是怎么回事，就被杀死了。

齐军大胜，田单乘胜率兵追击，很快就收复了齐国所有的失地，恢复了齐国原来的疆土。田单因破敌功劳极大，被齐襄王封为安平君。

唇亡齿寒

【书证】

《左传·僖公五年》："谚所谓'辅车相依，唇亡齿寒'者，其虞虢之谓也。"

《左传·哀公八年》："夫鲁，齐晋之唇，唇亡齿寒，君所知也。"

【解释】

原意为嘴唇没有了，牙齿就会感到寒冷。比喻关系密切，利害相关。多指互相依附的邻国关系。

【故事】

春秋时期，晋国和虢国的中间，隔着一个虞国。

有一次，晋国要去攻打虢国，但是，晋国要开往虢国，就必须先经过虞国境内，于是就想向虞国借路。晋献公怕虞国不答应，找大臣商议，晋国大夫荀息向晋献公献计说："您如果同意把那块垂棘出的美玉和那匹屈地出的宝马，作为礼物，送给虞公，向他借路，我想他一定会答应的。"晋献公说："垂棘的那块美玉是我祖传的宝贝，屈地的那匹马也是我最珍惜的，怎能随便送人！如果，虞公收了两件宝贝，又不肯借路给我们，那时候该怎么办？"荀息说："如果虞公不答应借路，就一定不敢收下我们的礼物。如果收下了，那也一定是同意借路给我们了。虞公收下礼物，那也不要紧，那块美玉，那匹宝马，只是暂时属于他们罢了，就好像把美玉从室内移到室外，把宝马从马圈内关到马圈外一样。只要大事成功，要把美玉、宝马拿回来，还是很容易的。最终这两件宝贝还是我们的。”

晋献公听了荀息的话，便派他带上这两件礼物去见虞公，然后向虞公借路。虞国大夫宫之奇知道了荀息的来意，便劝虞公千万不要答应晋军借路的要求，说道：“虢国是我们的邻邦，和我们的关系，就像嘴唇和牙齿一样，相依相存的。如果借路给晋军去攻打虢国，虢国灭亡了，那我们虞国还能保全吗？万万不能答应！”虞公并没有听从宫之奇的劝谏，收下了美玉和宝马，答应借路给晋军。

于是，晋献公率领军队，顺利穿过虞国境内，轻而易举地把虢国灭亡了。没过多久，晋国举兵灭了虞国，送出去的美玉、宝马果然又都回来了。晋献公摸摸美玉，拍拍马背，非常得意地说：“美玉倒还是原来的那块美玉，这匹马可老了一些，多长出两颗牙齿来了。”

从善如流

【书证】

《左传·成公八年》：“从善如流，宜哉！”

《左传·昭公十三年》：“从善如流，下善齐肃。”

【解释】

比喻听从别人正确的意见，像流水一样，而且又顺又快。

【故事】

春秋时期的郑国（在今河南新郑一带），是个小国，它夹在楚、晋两个大国之间。郑悼公时代，他同北方的其他各国以晋国为首签订了盟约。可是，在结盟的第二年，南方的楚国就来攻伐郑国。晋国便以栾书为元帅，率领大军前去援助郑国，在郑国的领地绕角一带，两军相遇。楚军不敢同晋军对阵，便撤退回去。可是晋军却并不准备马上撤走，还想乘此机会侵入楚国的蔡地（今河南蔡县一带）。楚国得了这个消息，就立刻调动附近申、息二地的驻军，准备迎击。

这时，晋军赵同、赵括仗着优势兵力，巴不得进军南下，占领蔡地，打个大胜仗，立个大功劳，因此催请元帅栾书赶快下令。就在栾书将要下令的时候，"中军佐"知庄子、"上军佐"范文子和"中军将"韩献子三位将领都不同意。他们对栾书说："我们是为援救郑国、反对侵略来的，我们是正义之师。现在侵略者都已撤退，我们却借此攻打楚国蔡地，这样引起的战争，我们就要担当不义的罪名，仗也就一定不能打胜。而且，以我们的大军去攻打楚国两个小地方的部队，即使打胜了又有什么光彩呢？如果打败了，那就更加不光彩了。"栾书觉得他们说得很有道理，便决定停止攻蔡，撤军回朝。

可是，当时主张南侵攻蔡的将士是占多数的。有人向栾书说："圣人都听从多数人的意见，所以能成大事。现在，我们军中将佐有12人，除元帅您以外的11人中，只有3人不主张攻蔡，您为什么不听从多数人而听从少数人的意见呢？"

栾书说："他们三人的意见是很正确的。正确的意见，就是真正代表多数人的意见，难道不对吗？"

大公无私

【书证】

《忠经·天地神明》："至公无私。"

《论私》："且今之大公无私者，有杨、墨之贤耶？"

【解释】

形容办事公道，为国家和公众利益着想，毫无私心杂念。

【故事】

春秋时期，晋平公在位时，有一次，他向大夫祁黄羊问道："南阳县缺少个县令，你看应该派谁担任这个职务比较合适呢？"祁黄羊毫不犹豫地说："解狐合适，他一定能够胜任的。"晋平公听了很惊讶，又问："解狐不是你的仇人吗？你怎么还要推荐他呢？"祁黄羊答道："您只是问我谁能担任县令这一职务，而没有问我解狐是不是我的仇人。"于是，晋平公就派解狐到南阳上任去了。果然正如祁黄羊所料，解狐到任后，为那里的百姓办了不少好事，受到南阳百姓的欢迎和称赞。

过了一段时间，晋平公又向祁黄

羊询问:“现在朝廷还需要增加一位军中尉,你看谁能胜任这个职务呢?”祁黄羊说:“祁午能够胜任。”晋平公奇怪起来,不禁问道:“祁午不是你的儿子吗?你推荐你的儿子,难道不怕别人说闲话吗?”祁黄羊平静地说:“您是要我推荐军中尉的合适人选,而您并没有问我祁午是不是我的儿子。”

晋平公听了,十分敬佩祁黄羊的为人,便派祁午担任了军中尉的职务。结果祁午也干得十分出色,受到了晋平公及大家的好评。

后来,孔子听到这两件事,十分称赞地说:“太好了,祁黄羊推荐人才,对外不偏心,不排斥仇人,对内又不回避亲生儿子,像祁黄羊这样的人,才真是大公无私啊!”

大义灭亲

【书证】

《左传·隐公四年》:“石碏纯臣也,恶州吁而厚与焉。大义灭亲,其是之谓乎?”

【解释】

原指为了维护君臣的名誉,不顾亲属的情谊。现指为了维护正义,对犯法的亲人,不讲私情,使之受国法制裁。

【故事】

春秋时期,卫桓公有个异母兄弟,名叫州吁。他们的父亲卫庄公在世的时候,对州吁特别溺爱,养成了他骄横无理的习气。大夫石碏曾多次劝说卫庄公,但没有引起卫庄公的重视。不久,卫庄公去世,由桓公继位。公子州吁准备谋杀桓公,要夺取王位。石碏的儿子石厚与州吁臭味相投,是州吁的谋士,给他出了不少坏主意。

州吁终于找到了一个机会,把卫桓公杀了并夺取了政权,当了国君,封石厚为上大夫,他俩得意极了。可是,卫国的百姓们都不服他们,诸侯各国也瞧不起他们,对他们这种大逆不道的做法也不满意。

有一天,石厚又给州吁出主意说:“我父亲一向受到众人的敬爱,不如我们就请教他吧。”州吁听了,就叫石厚去见石碏。石碏说:“这种大事,如果能得到周天子的支持,那无论是国内还是国外,谁也不敢反对了。现在陈桓公很得周天子的信任，你们只要请他帮忙，就会有办法见到周天子的。”州吁听了石碏的这番话，不禁喜出望外，连忙准备好礼物，带着石厚去了陈国。

他们哪里想到，石碏已经赶在他们前边写了一封信送给了陈桓公。信上说：“我们卫国是个小国，我的年纪老了，也不中用了。州吁、石厚这两个人是杀害我国国君的罪人，请无论如何帮我们除掉他们。”这样，州吁和石厚一到陈国，就被桓公逮捕。卫国派人到陈国，处死了州吁，立卫桓公的弟弟晋为国君，就是卫宣公。

当时，卫国大臣们认为，石厚是石碏的儿子，看在石碏的情分上，可以从宽处理。可是，石碏坚决不同意。他说：“州吁干的许多坏事，都是石厚的主谋，不惩办石厚是不公正的。”于是，石碏便派家臣去陈国把石厚给杀了。

呆若木鸡

【书证】

《庄子·达生》(《集释》)：纪渻子为王养斗鸡十日而问：“鸡已呼?”曰：“未也，方虚憍而恃气。”……十日又问，曰：“几矣。鸡虽有鸣者，已无变矣，望之似木鸡矣，其德全矣。”

【解释】

原意为呆得像木头雕成的鸡一样。后形容呆笨或因惊讶、恐惧而发愣的样子。

【故事】

西周时期，周宣王姬静是个好大喜功、昏庸无比的君主，曾多次出兵去攻打北方的少数民族。为了扩充兵力，他下令在太原地区调查百姓的户数，准备征兵再战，大臣仲山甫极力劝谏，可他根本听不进去，一味地相信巫师，相信鬼神之说。

周宣王有一种特殊的爱好，就是喜欢看斗鸡(斗鸡，是古代的一种赌博性娱乐)。他让太监们养了不少精壮矫健的公鸡，退朝以后经常到后宫的平台上看斗鸡取乐。时间一久，他发现无论哪一只勇猛善斗的鸡都没有常胜不败的，因而心里总感到不满足。

后来，宣王听说齐国有个叫纪渻子的人，是位训鸡能手，就派人把他请到镐京(西周都城),要他尽快训练出一只常胜不败的斗鸡来。纪渻子从鸡群中挑了一只金爪彩羽的高冠鸡。在关进笼子训鸡以前,他请宣王不要随便让人去干扰它。

10天以后,宣王就有些等不及了,叫人去问纪渻子:“鸡训练成了吗?可以斗了吗?”纪渻子说:“不行,它一看见别的鸡,或听到别的鸡一叫,就跃跃欲试,很不沉着,而且,它还非常骄傲恃气。”又过了10天,宣王再叫人去问,纪渻子说:“还不行,它听到声音,或看到什么影像,还会敏捷地作出反应。它的心神还相当活跃,火气还没有消除。”又过了10天,宣王实在等得不耐烦了,就把纪渻子召来亲自问他,纪渻子仍然说:“还不行,这鸡还会怒视而盛气。”宣王感到有点疑惑不解,问道:“怒视而盛气,不正是勇猛善斗的表现吗?”纪渻子笑了笑说:“陛下过去养的那些勇猛善斗的鸡,有哪一只是常胜不败的呢?”又过了10天,纪渻子主动跑来对宣王说:“现在差不多了,它的骄气没有了,心神也安定了,现在这只鸡听到其他鸡的叫声,已经毫无反应,不论遇到什么突然的事情,它都不动也不会惊。它的精神处于高度凝寂的状态,看上去就像木鸡一样,这样的斗鸡才算是养到家了。别的鸡一看到它,准会转身就逃,没有一只敢跟它交锋,斗都不敢斗!”

道不拾遗

【书证】

《战国策·秦策一》:“商君治秦,法令至行,公平无私,罚不讳强大,赏不私亲。法及太子,黥劓其傅。期年之后,道不拾遗,民不妄取,兵革大强,诸侯畏惧。”

【解释】

原意是道路上有遗落的东西,却无人拾捡。形容人民生活富裕,社会风气良好。

【故事】

战国时期,有一位政治家名叫商鞅,原名卫鞅,卫国人。他在秦孝公时任秦国的宰相,因功劳显赫而封赐他商地15邑,故称商鞅。

商鞅年青时代就喜欢刑名之学(古代研究依法治国、赏罚分明的学问)。他之所以会到秦国去任宰相,完全是出于逃生。有一次，魏国宰相公叔痤病重，魏王来探望。魏王问公叔痤：“如果你的病难以治愈，朝廷中有谁能代替你？”叔痤说：“卫鞅可以代替我。”想不到，魏王不是个喜欢以法治国的人，所以，对叔痤的推荐自然不高兴。公叔痤望着魏王不悦的脸色，心里明白了许多，为了表示自己对魏王的效忠，便对魏王说：“既然大王不用他，那就把他杀了吧！千万不要让他跑到别国去，让别国用他。”卫鞅听到这个消息，赶忙逃到了秦国。

在秦国，秦孝公重用了他。他不断地劝说秦孝公进行治理国家的改革。秦孝公听从了他的建议，任他为宰相。他制定了一系列新法，废除了维护贵族特权的旧法，推行政治改革。商鞅认为要实施改革，就必须令行禁止，才能贯彻新的措施。为此，他在都城的南门竖了一根木头，并出告示说：“谁能将此木头扛到城北，可得赏金10两。”把木头从南门扛到北门，几乎每一个青壮年都能做得到，但是却没有一个人来做，人们不相信天下有这么便宜的好事 于是商鞅把赏金提高到50两，人们更不相信了。后来，有一个乡下人进城，抱着最多是出些力气又不损失什么的态度，把那根木头扛到了北门。商鞅言而有信，立即赏给他50两黄金，这下子为商鞅的改革树立了威信。

商鞅坚决主张在法律面前人人平等，不管他是什么人，只要对国家有功，就应该予以奖励。他鼓励耕织，生产多的可免去徭役。他还认为，贵族世袭的制度应该废除，应当按军功的大小给予不同的爵位等级。执法就应该严明，以法为准绳，不讲私情。商鞅的变法遭到了贵族势力的反对，但在秦孝公的坚决支持下，变法很快就推行开了。

由于商鞅积极地推行变法，老百姓的生产积极性提高了，军队纪律严明，兵士都乐意打仗了。民风也变得淳朴起来，社会秩序安定，出现了夜不闭户、道不拾遗的太平景象，秦国也一天天强大起来了。

德高望重

【书证】

司马光《辞入对小殿札子》："臣窃惟富弼三世辅臣，德高望重。"

《晋书·简文三子传》："元显因讽礼官下议，称己德隆望重，既录百揆，内外群僚，皆应尽敬。"

【解释】

"德高望重"或作"德隆望重"，意思是道德高，声望重。指人在社会上享有很高的威望。多用来称颂年老而有名望的人。

【故事】

北宋时期，有一位三朝重臣叫富弼，字彦国，洛阳人氏。他出身贫寒，但志向高远，从小读书勤奋，敏于思考，知识十分渊博，加上为人豁达，气概不凡。当时有一位前辈第一次见到他，就脱口赞叹说："这书生将来一定是一位辅佐帝王的贤才啊！"还真让这位前辈言中了，富弼26岁踏上仕途，40多年里，他对北宋王朝竭诚尽忠，入朝后，协助皇上处理各种政务，深得皇上喜爱，不断加官晋爵，先后担任过仁宗、英宗、神宗三朝宰相，成为天子倚重、百官敬仰的名臣。

仁宗庆历二年（公元1042年），北方的契丹国屯兵边境，要求宋朝割让关南的大片土地。朝廷决定任命富弼为使者前往谈判。到敌营后，富弼不顾个人安危，大义凛然，慷慨陈词，列举两国数十年来结盟交好的历史，劝说契丹君主放弃割地的要求，成功地维护了本国的利益。他先后两次奉命出使，第一次出使，正逢女儿得病去世；第二次上路，又闻报小儿子出生，他都没顾上回家看一眼。朝廷为了褒扬他的功绩，先后授予他枢密直学士、翰林学士和枢密副使等要职，他都谦逊地再三辞谢，不肯就任。

庆历八年（公元1048年），黄河的商胡决口，一时洪水泛滥，河北六七十万灾民仓皇南下，涌向京东地区。当时，富弼正由于政敌的谗言诽谤，被贬在青州，他主动站出来，组织百姓抗灾。他千方百计在境内腾出公私房屋十几万间，分散安排灾民，并出榜向当地百姓募集粮食，加上官仓中的全部存粮，都运送到各区散发给灾民。到第二年，河北麦子大熟，绝大多数灾民都扶老携幼返回家乡。重建家园的百姓对同自己患难与共的富弼感激万分，称颂不已。天子特派使者前来慰劳，并授命他为吏部侍郎，富弼却辞谢说："这是臣应尽的职责。"富弼为人谦恭柔和，即使当了宰相以后，也从不以势傲人。无论下属官员或平民百姓前来谒见，他都以平等之礼相待。

神宗熙宁五年（公元 1072 年），富弼年老退休，长期隐居洛阳。一天，他乘小轿外出，经过天津桥时被市民发现，百姓们纷纷跟随观看，热闹的集市竟顷刻之间变得空无一人。司马光曾称颂他说："三世辅臣，德高望重。"这个评价恰如其分。

东施效颦

【书证】

《庄子·天运》（《集释》）："故西施病心而颦其里，其里之丑人见之而美之，归亦捧心而颦其里。其里之富人见之，坚闭门而不出；贫人见之，挈妻子而去之走。彼知颦美，而不知颦之所以美。"

【解释】

原意是美女西施因心口疼而皱眉头，同村丑女东施竟然仿效西施皱眉的病态，结果更加丑。比喻不顾自身条件而胡乱模仿，结果适得其反，效果更坏，把事情弄得更糟。

【故事】

春秋时期，越国有个绝色的美女，名叫西施，又名先施、西子，是中国古代四大美人之一。她是泪罗山下的一个浣纱民女，据说她在河边浣纱时，水中的鱼儿因为比不过她的美而纷纷沉入水中，故后来就用"沉鱼"一词来形容女人之美。

同村有一个叫东施的姑娘，长得很丑。可东施非常爱仿效漂亮姑娘的服饰、姿态和动作。西施自然更是她仿效的对象。西施穿什么款式的衣服，梳什么样的头发，走起路来有什么习惯动作，她都要加以仿效。

有一天，西施心口疼的毛病犯了，走路的时候双手轻轻地捂住胸口，并且微微皱着眉头。村里人见她这个模样，非但不觉得难看，反而显得更好看了，叫人怜爱倍增。

西施的病态正好被东施瞧见了。她一边看，一边默默记住了她难受时的姿态和动作，回到家中后，马上仿效西施的模样，双手重重地捂住胸口，同时紧紧地皱着眉头，自以为她也像西施那样美了。东施的这副模样，使村里人大吃一惊，以为来了什么妖怪。富人紧闭大门，不想看见她，穷人见了，赶紧带着妻子儿女躲开。

东施只知道西施病的样子很美，却不知道为什么美。其实，西施本来长得很美，即使捧心皱眉，人们看上去也觉得美；而东施本来长得就很丑，再捧心皱眉，就变得怪模怪样，更难看了，难怪人们都被她吓跑了。

多多益善

【书证】

《史记·淮阴侯列传》："上问曰：'如我能将几何？'信曰：'陛下不过能将十万。'上曰：'于君何如？'曰：'臣多多而益善耳。'"

【解释】

原指带兵越多越能成事。后多用来形容越多越好，不厌其多。

【故事】

韩信，秦末淮阴（今江苏淮阴）人。他原是楚霸王项羽手下的低级军官，在鸿门宴上，韩信作为执戟郎在场，他看见刘邦对项羽低声下气和忍辱负重的样子，和自己当年受辱的境况颇为相似，不由对刘邦同病相怜，随后就来投奔汉王刘邦，经丞相萧何的极力推荐，被刘邦拜为大将。汉楚相争时，他用智慧和才能率领汉军，南征北战，立下无数功劳，和萧何、张良一起，被为"汉初三杰"。

刘邦称帝后，将韩信封为楚王，乘机解除了他的兵权，但他当时仍是实力最强大的诸侯。不久，刘邦接到密告，说韩信收留了项羽的旧部钟离昧，恐怕要谋反。于是，刘邦采用谋士陈平的计策，假称自己准备巡游云梦泽，要诸侯前往陈地相会。

韩信知道后，杀了钟离昧来到陈地见刘邦，刘邦便下令将韩信逮捕，押回洛阳。回到洛阳后，刘邦知道韩信并没谋反的事，又想起他过去立下的种种战功，便把他贬为淮阴侯。

韩信心中十分不满，但也无可奈何。他看到自己过去的部下周勃、灌婴、樊哙等人的官职都和自己一样，羞于和他们同列，就经常称病，不去上朝。

刘邦知道韩信的心思，有一天把韩信召进宫中闲谈，要他评论一下朝中各个将领的才能，韩信便一一说了。当然，那些将领都不在韩信的眼中。刘邦听了，便试探着问他："依你看来，像我这样的人能带多少军队？""陛下能带十万。"韩信毫不顾忌地回答。

刘邦感到韩信太小看自己了，便继续问："那你能带多少军队呢？""对我来说，当然越多越好！"这下子，刘邦觉得韩信眼中根本就没有他这个皇帝，便生气地反诘道："既然你带兵是多多益善，你的能力是如此之大，那你怎么会被我逮住呢？"韩信知道自己说错了话，忙掩饰说："陛下虽然带兵不多，但有驾驭将领的能力啊！"刘邦见韩信降为淮阴侯后仍这么狂妄，心中很不高兴。后来，刘邦再次出征，刘邦的妻子吕氏终于设计把韩信杀死了。

防民之口，甚于防川

【书证】

《国语·周语上》："邵公曰：'是障之也，防民之口，甚于防川。川壅而溃，伤人必多，民亦如之。是故为川者，决之使导。为民者，宣之使言。'"

【解释】

比喻要堵住百姓的嘴比要堵住冲垮大堤的河川还要难。

【故事】

西周时候的周厉王，是一个暴虐的君主。他独断专横，荒淫无道，百姓们都恨透他了，到处都在议论指责他的暴行。

有一天，上卿召穆公上奏周厉王说："现在老百姓都怨声载道，忍受不了您苛刻的政令了。"周厉王十分恼怒，他专门从卫国弄来一个装神弄鬼的巫师，让他到各处监视老百姓的言行，发现谁在背后议论批评，马上报告，他就立即处死。这样一来，果然没有人敢说话了，甚至，人们在路上相遇，只用眼睛示意，连一声招呼也不敢打。

看到这种情况，周厉王非常得意。他对召穆公说："我能够阻止百姓批评议论我了，现在谁都不敢说我的坏话了。"召穆公说："防民之口，甚于防川。堵人的嘴比堵塞河流还要危险，治水要用疏导的方法，让水畅通，否则，大河堵塞住就会泛滥成灾。治理国家也是同样，要让百姓说话，放开言论，否则也同样会酿成大祸。”

周厉王不听召穆公的忠告，仍然是我行我素，不让百姓开口。3 年后，果然激起民愤，百姓们拿起兵器把他赶出国都，他只得躲到偏远的彘地。

防微杜渐

【书证】

《后汉书·丁鸿传》：“若敕政责躬，杜渐防萌，则凶妖销灭，害除福凑矣。”

《宋书·吴喜传》：“且欲防微杜渐，忧在未萌，不欲方幅露其罪恶，明当严诏切之，令自为其所。”

【解释】

又作“杜渐防萌”，是指在错误、坏事、不良风气等刚露头时就加以制止，不使其蔓延发展。后来以此比喻在隐患或错误刚一露头时就要加以防止。

【故事】

东汉时期，汉和帝即位后，窦太后掌握朝政，任用窦家兄弟为文武大官。她的哥哥窦宪官居大将军，掌握着国家的军政大权。看到这种现象，许多大臣心里十分着急，都为汉室的江山担心。大臣丁鸿就是其中的一个。

丁鸿很有学问，对经书极有研究。对窦太后和窦宪兄弟的专权十分气愤，决心为国除掉这一祸根。不久，天上发生日食，丁鸿就借这个当时认为不祥的征兆，向汉和帝上了一份密奏，其中说道：“太阳是君王的象征，月亮是臣下的象征。日食出现，是做臣子的在侵夺君王的权力。在春秋的历史上，日食出现了 36 次，国君被臣下杀死的就有 32 人，都是因为做臣子的权力太重所致。”接着，丁鸿说了窦宪飞扬跋扈、权盖君王的罪状。他又指出窦家权势对于国家的危害，建议迅速改变这种现象，他说：“皇帝如果亲手整顿政治，应在事故开始萌芽时期就注意防止，这样才可以消除隐患，使国家能够长治久安。”汉和帝本来早已有这种打算，他采纳了丁鸿的建议，于是，便迅速撤了窦宪的官，剥夺了他们手中的权力，下令赐窦宪和他的兄弟们自尽而死。

分崩离析

【书证】

《论语·季氏》：“今由与求也，相夫子。远人不服，而不能来也；邦分崩离析而不能守也。”

【解释】

形容国家或集团四分五裂，支离破碎，不堪收拾。

【故事】

春秋时期，孔子的学生冉求、子路在鲁国大夫季康子手下做谋臣。季康子为了扩大自己的统治权力，准备去攻打鲁国的属国颛臾。冉求、子路为此去请教孔子。孔子说：“冉求，你知道从前先王封那颛臾做祭祀东蒙山的主祭，再说它在鲁国境内，是鲁国的臣属啊，为什么要去攻打它呢？”冉求说：“我们主公要这样做，我们两个都不主张这样做。”孔子说：“从前周公说过，能施展自己的才能则就其职位，不能这样做就辞职。这就如一个辅助瞎子的人，如果瞎子要跌倒时，他不去抱住，瞎子跌倒了，他又不去搀扶，那么还要辅助瞎子的人干什么呢？再比如，那凶恶的猛兽从笼子里出来为患，贵重的东西毁坏在匣子里，这又是谁的责任呢？能只怪猛兽和匣子吗？”冉求又辩解道：“颛臾城池牢固，而且离季康的封地很近，现在不把它拿下来，日子久了，一定会给子孙留下祸害。”孔子很不高兴地说：“我最讨厌的是不说自己贪得无厌，却一定要找借口去侵犯别人。我听说过，无论是诸侯或者大夫，不必着急财富不多，只需着急财富不均；不必着急人民太少，只需着急境内不安。若是财富平均，便无所谓贫穷；境内和平团结，便不会觉得人少；境内平安，便不会倾危。”接着孔子又告诫冉求道：“像你们这样做，其结果必然是使得远方的百姓离心而不来归附，人民有异心而不和，国家分裂而不能统一。在自己的国家处于分崩离析的情况下，还想去用武力攻伐颛臾，我担心季康的麻烦不在颛臾，而在国内啊！”冉求、子路听了孔子这番话，只得点头称是。

后人从这个故事引出“分崩离

析”这个成语，用来形容国家支离破碎，或集团内部的分裂瓦解。

分道扬镳

【书证】

《北史·魏诸宋室·河间公齐传》：“子志……与御史中尉争路，俱入见，面陈得失，……高祖曰：‘洛阳，我之丰沛，自应分路扬镳。自今以后，可分路而行。’”

【解释】

原意为分路而行，各奔前程，各干各的事。“分路扬镳”后多说为“分道扬镳”，一般都用来比喻志趣不同，目的不同，彼此走的不是一条道。

【故事】

南北朝时期，北魏国都原在平城（今山西大同市东），魏孝文帝继位后迁都到了洛阳。据《北史》记载，洛阳令元志曾同御史中尉李彪发生过一件争路纠纷。

元志是河间公元齐的儿子，他聪慧过人，饱读诗书，是个有才华但又很骄傲的人，对于某些学问不高的达官贵族往往表现出轻蔑的态度。有一天，他坐着车子正在街上走着，恰巧遇见御史中尉李彪的车子迎面过来。那时官员出门总是前呼后拥的，官职越高，随行人马就越多，气派也就越大。老百姓在街上遇见他们，老远就得回避。官职低的官，也得让官职高的官先走。如遇官职相仿，客气些也就让道而过。元志论官职是应该让李彪的，可是他瞧不起李彪，偏不想让。李彪很生气，当场训斥元志。元志不服，两人就争吵起来。

于是，元志和李彪便到孝文帝面前去评理。李彪说，他是“御史中尉”，洛阳的一个地方官怎敢同他对抗，居然不肯让道。元志说，他是国都所在地的长官，住在洛阳的人都编在他主管的户籍里，他怎可同普通的地方官一样，向一个御史中尉让道。

孝文帝听了，不愿意评判他们谁是谁非，便笑道：“洛阳是寡人的京城，应该分路扬镳。从今以后，你们可以分开走，各走各的，不就得了吗！”

风声鹤唳

【书证】

《晋书·谢玄传》:“坚众奔溃,余众弃甲宵遁,闻风声鹤唳,皆以为王师已至,草行露宿,重以饥冻,死者十七八。”

【解释】

原意为把风的响声、鹤的叫声,都当作敌人的呼喊声,疑心是追兵来了。形容惊慌失措,神经极度紧张。

【故事】

公元 383 年,前秦皇帝苻坚率 80 万大军,南下攻打东晋。东晋王朝派谢石为主帅,谢玄为先锋,带领 8 万精兵迎战。

苻坚认为自己兵多将广,有足够的把握战胜晋军。他把兵力集结在寿阳(今安徽寿县)东的淝水边,等待时机成熟,再向晋军发动进攻。

为了以少胜多,晋将谢石想出一个计谋,派一名使者渡过淝水来到秦军大营,向苻坚说:“两军守着淝水,难道是观水景不成?秦军此番南征志在必得,我军也敢于抵抗,究竟谁胜谁负,应在战斗中见个分晓。所以请贵军退让一席之地,让我军渡过淝水,双方可以有个交战的场地。我想贵军不至于惧怕到不肯交战的地步吧!”

秦将听了晋军使者的话,都认为这其中有诈,坚决不同意,还是认为只要坚守淝水,晋军就不能过河,待后续大军抵达,即可彻底击溃晋军。

可是,苻坚却不同意众将领的意见,他说:“兵不厌诈,我知道他们是不怀好意的,我们就将计就计,我军只要稍稍退后,等晋军一半过河,一半还在渡河时,用精锐的骑兵冲杀上去,我军肯定能大获全胜!”

众将听了,齐称苻坚英明。苻坚命骠骑将军张蚝带领精锐主力骑兵作为反击部队。苻坚估计晋军定会在淝水的浅水滩涉水渡河,让张蚝的骑兵在那里等待反击。

晋军主帅谢石,先锋谢玄也悄悄做好了准备,摆好了阵势,河中有水兵,岸上有步兵,还安排了一支部队隐蔽在一片树丛之中。

到了约定的时间,苻坚亲临前线,他一声令下,秦军向后退去。苻坚万万没有想到,秦军是临时凑起来的，指挥不统一，一接到后退的命令，以为是前方打了败仗，便慌忙向后溃逃。还没等苻坚转过神来，又得知，晋军没有从浅水滩涉水渡河，而是从深水潭摆开了战船，用战船首尾相接，形成了一座浮桥，晋军的步兵便飞奔过桥，杀了过来。秦军猝不及防。正在这当口，隐蔽在树丛中的晋军，一下杀了出来，冲向正在后撤的大队秦军之中。秦军本来就把撤退当做逃命，现眼见晋军来袭，哪里还敢抵抗，狂奔乱跑，整个大军像潮水一般退了下来。

谢石见秦军溃退，下令全面出击。苻坚的弟弟苻融，被他自己的队伍践踏得遍体鳞伤，后被晋军杀死。张蚝也被斩于马下。只剩苻坚领着亲兵仓皇逃回，他的肩膀还被晋军射中一箭。

从淝水溃退下来的秦军，没命地逃跑，听到尖厉的风声和凄厉的鹤叫声，都以为是晋军又追来了，于是，不顾白天黑夜，拼命地奔逃。就这样，晋军以少胜多，取得了"淝水之战"的巨大胜利，成语"风声鹤唳"就是从这个故事来的。

负荆请罪

【书证】

《史记·廉颇蔺相如列传》："顾吾念之，强秦之所以不敢加兵于赵者，徒以吾两人在也。今两虎相斗，其势不俱生。吾所以为此者，以先国家之急而后私仇也。"廉颇闻之，肉袒负荆，因宾客至蔺相如门谢罪，曰："鄙贱之人，不知将军宽之至此也！"卒相与欢，为刎颈之交。

【解释】

原意是背着荆杖去请罪。表示愿意接受惩罚，真心实意地向人家认错赔罪。形容主动向人认错、道歉，自请严厉责罚。

【故事】

战国时期，赵惠文王有两个忠勇爱国、才能出众的贤臣：一个是相国蔺相如，一个是大将廉颇。这一文一武，威震四方，连当时强大的秦国也因此不得不对赵国有所顾忌。后因蔺相如两次出使秦国，保全赵国不受秦国的屈辱，立下了大功，赵惠文王拜蔺相如为上卿，官位在廉颇大将之上。廉颇因此心中不快，觉得自己效命疆场，屡立战功，而蔺相如只是耍耍嘴皮子，居然位高于己，很不服气，扬言要当面羞辱蔺相如。蔺相如知道后，不愿意和廉颇争位次，便处处留意，避让廉颇，上朝时假称有病，以便回避。廉颇以为蔺相如胆小怕事，就更加肆意妄为。

有一天，蔺相如乘车外出，远远望见廉颇的车子迎面而来，急忙叫手下人把车赶到小巷里避开。廉颇见此很得意，认为蔺相如畏惧自己。蔺相如手下的人便以为蔺相如害怕廉颇，非常不满。蔺相如对他们解释说："秦国这样强大，我都不怕，廉将军又有什么可怕呢？我想，强横的秦国今天之所以不敢对我们赵国轻易用兵，只是因为赵国有我和廉将军两人。如果我和廉将军两人不能和睦相处，互相攻击，像老虎一样相斗，结果必定有一虎受伤。廉颇是赵国的大将，是国家的有功之臣，赵国不能没有他；我是赵国的相国，将相不和正是别国求之不得的事，秦国就会趁机侵略赵国。我所以对廉将军谦让，是因为我把国家的安危放在前头，不计较私人的怨恨。"

蔺相如的这番话传到了廉颇的耳中，廉颇为蔺相如如此宽大的胸怀深深感动，觉得十分惭愧。于是他脱掉上衣，在背上绑了一根荆杖，亲自到蔺相如家门前，跪下请罪，并沉痛地说："我是个粗人，见识少，气量窄，得罪了相国。今天我特地来负荆请罪，请相国鞭打我。"蔺相如急忙跪下说："咱们两个都是赵国的栋梁之臣，一举一动都影响着国家的安危，千万不能互相损伤，将军能体谅我，我已感谢万分，怎还能责怪将军呢？"两人都激动得泪流满面，相扶而起。从此，将相成为知己，誓同生死。

邯郸学步

【书证】

《庄子·秋水》："且子独不闻夫寿陵余子之学行于邯郸与？未得国能，又失其故行矣，直匍匐而归耳！"

《汉书·叙传》："昔有学步于邯郸者，曾未得其仿佛，又复失其故步，遂匍匐而归耳。"

【解释】

原意是到邯郸去学走路的步法。比喻模仿别人不得要领，不但学不到别人的长处，反而把自己原有的本领也忘掉了。也比喻照搬别人的一套，出乖露丑。

【故事】

战国时期，燕国寿陵有个少年，听说赵国都城邯郸的人走路的步法姿态特别优美好看，就特地跑到邯郸去学人家走路。

这个少年到了邯郸，看见那里人走路的步法姿态确实与寿陵的不一样，比寿陵的要优美好看得多。他觉得不虚此行，打算好好地学一学。

从此，他就整天在大街上看别人走路，观察他们是怎样迈腿，怎样摆动手臂，怎样扭动腰肢，看得很仔细很仔细，晚上回到住处凭记忆学着走。后来觉得这样容易遗忘，便跟在人家后面模仿着走。但不知为什么，他总觉得学不像。

这是什么原因呢？他想来想去，是自己太习惯原来的步法。于是重起炉灶，放弃原来的步法，完全照邯郸人的步法走路。不料，这一来更糟糕了。他走路时要考虑的因素太多：既要注意手脚如何移动，又要注意上身如何摆动，甚至还要计算移动的距离和摆动的幅度。结果，每走一步都弄得满头大汗、紧张万分。少年越学越累，越学越不像，也越学越糟糕。后来，他花光了所有的钱，不得不回燕国去。可是，当他要回去时，连自己原来怎样走路的步法都忘记了。最后，他只好爬着回到燕国寿陵去，十分狼狈。

鹤立鸡群

【书证】

《世说新语·容止》："有人语王戎曰：'稽延祖卓卓如野鹤立在鸡群。'"

【解释】

原意为仙鹤站立在鸡群中高出来很多。比喻某个人的才华相貌仪表在一群人中显得非常突出。

【故事】

在西晋晋惠帝时期，有个侍中叫嵇绍。嵇绍是"竹林七贤"之一嵇康的儿子。那时，晋朝统治集团内部争权夺利，互相攻杀，局势动荡不安。

有一次，都城发生变乱，齐王司马冏被杀。嵇绍见情势危急，便奋不顾身地往宫里闯，要保护惠帝。守卫宫门的侍卫拉起弓箭，想射死他。侍卫官望见嵇绍正气凛然的仪表，赶忙阻止侍卫放箭。

不久，河间王司马颙和成都王司马颖合兵进犯京城。嵇绍跟随惠帝，出兵迎战，不幸战败。许多将士死的死，逃的逃，只有嵇绍始终寸步不离地保护着惠帝。敌人的飞箭雨点般地射了过来，嵇绍身中数箭，倒在血泊中。嵇绍的鲜血溅在惠帝的御袍上。事后，侍从要洗惠帝御袍上的血迹，惠帝说："别洗别洗，这是嵇侍中为保护我流下的血啊！"

嵇绍体态魁伟，聪明英俊，在同僚中显得十分突出。有人夸他"昂昂然如野鹤立在鸡群"。后来人们将这句话简化成"鹤立鸡群"这一成语。

后生可畏

【书证】

《论语·子罕》(《译注》)："后生可畏，焉知来者之不如今也？四十、五十而闻焉，斯亦不足畏也已。"

《红楼梦》："你这会儿正是'后生可畏'的时候，'有闻''不足惧'，全在你自己做去了。"

【解释】

原意是说青少年是可敬畏的。指青少年是新生力量，朝气蓬勃，很容易超过前辈。

【故事】

在孔子周游列国的时候，有一天，在路上碰见三个小孩，有两个正在相互打闹玩耍，而另一个小孩却站在旁边。孔子觉得有些奇怪，就走到那个小孩跟前问他为什么不和他们一起玩耍。

那个小孩很认真地说："激烈的打闹能害人的性命，拉拉扯扯的玩耍也会伤人的身体。如果把衣服撕破了，那就更不好，不值得了，所以我不愿和他们玩。您觉得奇怪吗？"过了一会儿，那个小孩用泥土堆成一座城堡，自己坐在里面，很久不出来，也不给准备动身的孔子让路。孔子又忍不住地问："你坐在里面，为什么不避让车子呀？"孩子果断地说："我只听说车子要绕城走，还没有听说过城堡要避车子的！"

孔子非常惊讶，觉得这么小的孩子，竟如此会说话，实在是了不起。

于是称赞他:“你这么小的年纪,懂得的事理真不少呀!”小孩却一本正经地回答说:“我听人说,鱼生下来,三天就会游泳,兔生下来,三天就能在地里跑,马生下来,三天就可跟着母马行走,这些都是很平常自然的事,跟年龄大小有什么关系呢?”孔子听完不由感叹地说:“好啊,我现在才知道青少年实在了不起呀!”孔子又对他的学生说:“青少年是可畏的,怎能断定他们将来不如现在老一辈的人呢?如果一个人活到了四五十岁,还没有听到他有什么贡献和成就,这就不值得敬畏了。”

狐假虎威

【书证】

《战国策·楚策》:“虎求百兽而食之,得狐,狐曰:‘子无敢食我也。天帝使我长百兽,今子食我,是逆天帝命也。子以为我不信,吾为子先行,子随我后,观百兽之见我而敢不走乎?’虎以为然,故遂与之行。兽见之皆走。虎不知兽畏己而走也,以为畏狐也。”

【解释】

原意为狐狸假借老虎的威风。比喻依仗有权有势的人欺压人。

【故事】

战国时代,楚国是南方的大国,北方各国对楚将昭奚恤十分害怕。

有一天,楚宣王向大臣们询问,昭奚恤是否真有那么大的威名。有个名叫江乙的大臣,便向楚宣王讲了一个故事:老虎在森林里捉住了一只狐狸,便要吃掉它。狡猾的狐狸便对老虎说:“我是天帝派到森林里来做大王的,你如果伤害了我,你就会受到天帝的惩罚。”老虎听了,看看狐狸瘦小的样子,心想,天帝怎么会派这么个小家伙当兽王?老虎不大相信。狐狸说:“你如果不信,你就跟着我到森林里走上一遭,看看百兽们见了我怕不怕。”说完就大摇大摆地在前走着,老虎将信将疑地跟在狐狸后面,一同走去。果然,森林里的所有动物,一看见它们,都吓得拼命地逃跑。狐狸便洋洋得意地对老虎说:“你看,谁不怕我?”这时,老虎以为狐狸真的是天帝派来的“百兽之王”。其实,老虎不知道百兽们所惧怕的是它自己。

江乙给楚宣王讲的这个故事,实

际上是在贬低昭奚恤，影射他是借着楚宣王的威名来抬高自己的，继而提醒楚宣王不要被昭奚恤所利用。

画蛇添足

【书证】

《战国策·齐策》："楚有祠者，赐其舍人卮酒。舍人相谓曰：'数人饮之不足，一人饮之有余；请画地为蛇，先成者饮酒。'一人蛇先成，引酒且饮，乃左手持卮，右手画蛇，曰：'吾能为之足。'未成，一人之蛇成，夺其卮曰：'蛇固无足，子安能为之足？'"

【解释】

比喻做多余的事，不但毫无意义，反而有害。

【故事】

战国时代，楚怀王派昭阳为大将率兵去讨伐魏国，连破魏国几个城池，连获大胜。紧接着，昭阳又想攻打齐国，齐王十分焦急。这时，正在齐国访问的秦国使者陈轸自告奋勇，代表齐国去见楚国大将昭阳。他对昭阳讲了这么一个故事：

有一家楚国人祭祀祖先，祭过之后，主人就把一壶祭祀酒，赏给了所有办事的人们去喝。办事的人很多，仅仅一壶酒，肯定是不够分的，怎么办呢？这时，有人提议：各人在地上画一条蛇，谁画得快，就把这壶酒给他喝。大家都认为这个办法很好。于是，大家就一同开始画起蛇来。有一个人画得很快，一转眼，就把蛇画好了，他看别人都还在画，就一面把酒壶拿起来，一面笑着说："你们画得好慢啊，等我再给蛇画上几只脚吧！"说着，他就往画成的蛇身上添脚。这时，另一个人已经把蛇画好了，就把酒壶抢夺了过去说："蛇是没有脚的，你画的不是蛇，第一个画好的是我，不是你。"那人说罢，理所当然地喝起酒来。

陈轸接着又劝道：您讨伐魏国已经取得了胜利，应该知道大功已经告成。如果再去攻打齐国，无异就像"画蛇添足"一样，万一不能取胜，那可就是前功尽弃了。

大将昭阳认为陈轸说得有道理，于是下令退兵，班师回朝了。

家徒四壁

【书证】

《汉书·司马相如传》:"文君夜亡奔相如,相如乃与驰归成都,家徒四壁立。"

【解释】

形容家中贫穷,一无所有,只剩下四周的墙壁。

【故事】

西汉著名文学家司马相如,家境十分贫困。他的好友临邛县令王吉邀请他到临邛做客。临邛有个大财主卓王孙,为了结交权势,大摆筵席,宴请王吉和司马相如,陪客就有好几百人。

在酒席上,司马相如应邀演奏了乐曲《凤求凰》,博得满座喝彩。卓王孙的年轻女儿卓文君守寡在家,她爱好诗文音乐,偷听到司马相如的演奏,又见司马相如一表人才,不禁十分爱慕。司马相如也对卓文君产生好感,可卓王孙不同意他们结合。一天夜里,文君偷偷跑出家与司马相如乘坐马车,直奔相如老家成都。到了相如家一看,家徒四壁,什么也没有。

相如卖掉马车,买下了一家小酒店,文君卖酒,相如洗酒器,夫妻俩过起了艰苦又恩爱的日子。后来,汉武帝读了司马相如的《子虚赋》,十分欣赏,便召他进京,封为郎官。

江郎才尽

【书证】

《诗文·齐光禄江淹》:"初,淹罢宣城郡,遂宿治亭,梦一美丈夫,自称郭璞,谓淹曰:'我有笔在卿处多年矣,可以见还。'淹探怀中,得五色笔以授之。尔后为诗,不复成语,故世传江淹才尽。"

【解释】

比喻一个人的才华、写文章的思路枯竭了。

【故事】

江淹是南北朝时期著名的文学家，曾连续在宋、齐、梁三朝做过官，在梁朝被封为“醴陵侯”。所以，他的诗文集，就被称为《醴陵侯集》。

江淹年轻的时候，家里很穷，他发奋读书，刻苦自学，写出了很多精彩的诗和文章，才子的盛名远扬九州。可是到了晚年，他的文章越写越平淡，才思也大大减退，怎么也写不出好文章来。于是人们都说他是“江郎才尽”。

“江郎”是怎么才尽的呢？传说，江淹睡觉时，梦见一个自称是晋代文学家郭璞的人，他对江淹说：“我有一支笔，借给你好多年了，请你归还我吧！”说着，还指指他的怀里。江淹往怀里一摸，果真有一支五色的彩笔，便还给了那人。从此，江淹就再也写不出精彩的文章了。

狡兔三窟

【书证】

《战国策·齐策四》：“冯谖曰：‘狡兔有三窟，仅得免其死耳；今君有一窟，未得高枕而卧也。请为君复凿二窟！’”

清代蒲松龄《聊斋志异·邵女》：“汝狡兔三窟，何归为？”

【解释】

原意是说狡猾的兔子有三个洞穴。原来比喻有多处藏身之地，以便逃避灾祸。现在一般用来表示留有余地，多带有贬义。

【故事】

战国时期，齐国相国孟尝君的门下有个名叫冯谖的食客。有一次，他奉命到孟尝君的封地薛去收债。临行时，他问孟尝君收完债买些什么回来。孟尝君说，你看家里缺什么就买什么。冯谖到薛地后，假借孟尝君的命令，将债契全都烧了。借债的百姓对孟尝君感激涕零，齐呼万岁。

冯谖回来后，孟尝君问他债收齐了没有，买些什么回来了。冯谖说，他见相国家什么都不缺，就缺一个“义”字，因此以相国的名义将债契全烧了，把“义”买了回来。孟尝君听了不太高兴，但也无可奈何。

一年后，孟尝君相国的职务被齐王免除，只好回到薛地去。离薛地还有一百多里路，薛地的百姓就扶老携幼前来迎接。孟尝君这才看到了冯谖给他买的珍贵的“义”，孟尝君非常感谢冯谖。但冯谖对他说：“狡猾的兔子有三个洞穴，但这仅仅使它免于被猎人打死，被猛兽咬死。如今您只有一个洞穴，还不能垫高枕头，安稳睡觉。”在孟尝君的要求下，冯谖表示愿意为他再凿两个洞穴。冯谖向孟尝君借了马车，要到魏国去，他要让齐王再重用孟尝君。孟尝君相信冯谖的话，让他到魏国去了，冯谖在魏王面前说了很多孟尝君的好话。魏王马上派使臣携带许多财物和马车去齐国，请孟尝君来魏国当相国。

这时，冯谖又赶在使臣之前回到薛地，告诫孟尝君千万不要接受聘请。魏国使者如此往返三次，孟尝君还是拒绝接受聘请。齐王得知后，赶紧恢复了孟尝君相国的职位，并向他谢罪。这样，冯谖为他凿成了第二个窟。

后来，冯谖又建议孟尝君向齐王请求，赐给自己先王的祭器，在薛地建造宗庙供奉。因为这样一来，齐王就会派兵来保护，使薛地不受他国侵袭。齐王答应了。等宗庙建成，冯谖对孟尝君说：“三窟已成，现在您可以高枕无忧了！”

金玉其外，败絮其中

【书证】

明·刘基《卖柑者言》：“观其坐高堂，骑大马，醉醇醲而饫肥鲜者，孰不巍巍乎可畏，赫赫乎可象也？又何往而不金玉其外，败絮其中也哉！”

【解释】

原意是外表像金玉，里面却像是破棉絮。比喻外表美好，内里却一团糟。

【故事】

明初年的大臣刘基，字伯温，元代末年中过进士，担任过一些地方的小官。后来，他劝说朱元璋脱离红巾军领袖韩林儿建立的政权，自立门户。朱元璋建立明王朝后，他被任命为御史中丞。

刘基善于写诗作文，曾写过一篇题为《卖柑者言》的文章，记载了他亲身经历过的一件事，揭露了当时社会上阴暗的一面。事情是这样的：

有一天，刘基在杭州城里漫步，看见一个小贩在卖柑子。柑子是很难保存到夏天的，但刘基发现这小贩所卖的柑子金黄油亮，新鲜饱满，就像是刚从树上摘下来的。他觉得机会难得，便走过去向小贩买了几个。虽然价钱是上市时的10倍，但觉得小贩能把柑子贮存到现在，也是很不容易的事，贵就贵些吧！

回到家后，刘基剥开柑皮，发现里面的果肉干缩得像破旧的棉絮一样，顿时非常气愤，便拿着柑子，去责问小贩为何骗人钱财。

不料，卖柑子的小贩却从容地笑着回答："我靠卖这样的柑子为生，已经有好几年了。买的人很多，谁也没有说什么，就是先生您一个人不满意。"接着，小贩又说道："当今世上骗人的事到处都是，岂止是我一个人这样？我跟一些人比起来，不过是小巫见大巫罢了。请问，那些威风凛凛的武将，从装束看，比孙子、吴起还神气，可是他们真正懂得兵法吗？那些头戴高帽、身着宽大朝服、气宇轩昂的文官，难道他们真正掌握治理国家的本事吗？寇盗横行，他们不能抵御；百姓困苦，他们不能救助；贪官污吏，他们不能处置；法纪败坏，他们不能整顿。这些人一个个身居高位，住着华美的房舍，吃着山珍海味，喝着琼浆玉液，骑着高头骏马，哪一个不是装成道貌岸然的样子？其实他们又有哪一个不像我所卖的柑子那样，表面上如金如玉，内中却像破旧的棉絮呢？"刘基听了小贩的一席话，哑口无言。回到家里后，就写了《卖柑者言》这篇文章。

"金玉其外，败絮其中"这个成语就是从这件事而来的。

惊弓之鸟

【书证】

《战国策·楚策》："更羸与魏王处京台之下，仰见飞鸟。更羸谓魏王曰：'臣为王引弓虚发而下鸟。'魏王曰：'然则射可至此乎？'更羸曰：'可。'有间，雁从东方来，更羸以虚发而下之。魏王曰：'然则射可至此乎？'更羸曰：'此孽也。'王曰：'先生何以知之？'对曰：'其飞徐而鸣悲。飞徐者，故疮痛也。鸣悲者，久失群也。故疮未息而惊心未去也。闻弦音，引而高飞，故疮陨也。'"

【解释】

原意指被弓箭吓怕了的鸟。比喻受到过惊吓的人，遇到一点事情就惶恐不安。

【故事】

战国时期，赵、楚、燕、齐、韩、魏六国准备实行"合纵"政策，联合起来共同对付秦国。

赵国派魏加到楚国去会见相国黄歇，商谈联合抗秦的大计。当魏加询问谁是楚国主将时，黄歇告知是临武君。魏加觉得不合适，因为临武君曾被秦国打败过，他对秦国必然心存畏惧，但魏加又不便直说，就委婉地给黄歇讲了一个关于射箭的故事。

从前，魏国有个著名的射手名叫更羸，他的射技高超，百发百中。有一天，他和魏王在花园里散步，忽见几只小鸟在天空飞过，便对魏王说："我能不用箭，光用弓就把鸟给射下来。"魏王不相信。一会儿，有一群大雁从东方飞过来，更羸便举起弓，对准最后一只大雁，空拉了一下弦，只听"咚"地一声，那只大雁就应声落地。魏王又惊又喜，问道："奇怪！空弓虚射，怎么也能射下鸟来？"更羸说："这只大雁是受过伤的。我看见它飞在最后，叫声也很悲惨，便知道它受过伤，创伤还没全好，所以它一听到弓响，就吓得直往高处飞，这时伤口迸裂，当然就掉下来了。"

魏加又说："临武君也是惊弓之鸟，他曾被秦国的弓箭伤过，所以该重新考虑一下他做主将的事。"

居安思危

【书证】

《左传·襄公十一年》："居安思危，思则有备，有备无患。"

【解释】

原意为人处于安定的环境中，要经常考虑可能出现的危难。用来比喻要时刻提高自己的警惕性，防患于未然。

【故事】

春秋时期，各国战争接连不断。有一次，宋、晋、卫等12个国家，联合起来攻打郑国。郑国慌了，忙向十二国中最大的晋国求和。晋国表示同意，答应了郑国的要求，通知各国诸侯撤兵。

郑国为了感谢晋国，给晋悼公送去了大批的战车、歌女和乐器。晋悼公非常高兴地接受了礼物，并把一半的歌女、乐器赠送给功臣魏绛，说："这几年，由于你的筹划，与各国关系一直很和睦，就请你和我一同享受这太平安乐吧！"魏绛却不肯接受，说："现在您能团结和统率许多国家，这是您的能耐和威望，也是同僚们齐心协力的结果，我个人能起什么作用？但愿您能够在享受安乐的同时，也随时想到可能发生的危难。请您不要忘记'居安思危，思则有备，有备无患'这句话。"

鞠躬尽瘁

【书证】

诸葛亮《后出师表》："臣鞠躬尽力，死而后已。"

毛泽东《在延安文艺座谈会上的讲话》："一切共产党员，一切革命家，一切革命的文艺工作者，都应该学鲁迅的榜样，做无产阶级和人民大众的'牛'，鞠躬尽瘁，死而后已。"

【解释】

"鞠躬尽瘁"这则成语常和"死而后已"连用，意思是表示小心谨慎，竭尽全力去效劳，一直到死为止。

【故事】

东汉末年，曹操死后，他的儿子曹丕执掌了政权。不久，曹丕便废去汉献帝，自己做了皇帝即魏文帝，改国号为"魏"。

占据四川一带的刘备自视是汉室的正统，为了恢复汉室，在成都称帝，封诸葛亮为丞相，国号为蜀。江东的孙权也正式登基，国号为吴。于是，历史上就出现了魏、蜀、吴三国鼎立的局面。

蜀国的皇帝刘备在丞相诸葛亮的辅佐下，把蜀国治理得国富民强，百姓们安居乐业。

不久，刘备去世，刘备的儿子刘禅继位。刘禅被称作是"刘阿斗"，他十分昏庸无能，只知享乐，便把国内的军政事务全交给诸葛亮处理。

诸葛亮一贯主张联吴伐魏，他一面和东吴交好，一面启动南征，用“七擒七纵”的攻心战收服了孟获，平定了南方边境的叛乱。然后积蓄力量，积极准备北伐攻击曹魏。

过了一段时间，诸葛亮感到力量积聚得差不多了，便决定出祁山北伐魏国。在出师前，他给后主刘禅上表，要他听信忠言，任用贤臣，富国强兵。这道奏表，便是历史上有名的《前出师表》。可是这次北伐并没有成功，诸葛亮兵败以后，只得退兵回蜀。过了几年，诸葛亮决定再次北伐。当时，有一些大臣对诸葛亮北伐持反对态度。于是，诸葛亮再次上表给后主刘禅，详细分析了当时的敌我形势。后主刘禅看了，便同意诸葛亮北伐。

这第二道表，便是历史上有名的《后出师表》。在这道表的最后，诸葛亮表示他忠心为国，鞠躬尽瘁，死而后已。

《前出师表》和《后出师表》表现了诸葛亮一心为国的忠贞气节，是历史上著名的散文名篇，在文学史上也有很高的价值。

开卷有益

【书证】

宋代王辟之《渑水燕谈录》卷六：“太宗日阅《御览》三卷，因事有缺，暇日追补之，尝曰：‘开卷有益，朕不以为劳也。’”

【解释】

原意为只要打开书，就有好处。用以勉励人们勤奋学习，多读书。

【故事】

宋朝初年，宋太宗赵光义命文臣礼昉等人编写一部规模宏大的分类百科全书——《太平总类》。这部书收集和摘录了31600多种古籍的重要内容，分类归成55门，全书1000卷，是一部很有价值的参考书。这部书是在太宗的太平兴国年间编写完成的，因此，定名为《太平总类》。

宋太宗对这部巨著十分感兴趣。《太平总类》编成之后，他曾亲自看了一遍。宋太宗给自己规定，每天至少要看上3卷，1年之内全部看完。所以，这部书后来就叫做《太平御览》。

当时有人认为，皇帝每天都要处理那么多的国家大事，还要去读这部大书，太辛苦了，就劝告太宗少看一些，也不一定每天都得看，应注意休息，以免过于劳神。可是，太宗却回答说："我很喜欢读书，从书中常常能得到许多的乐趣，多看些书，总是有益处的，何况，我并不觉得劳神费力。"

于是，他仍然坚持，每天阅读3卷，有时因国事忙给耽误了，也要抽空补上，他还常常对身边的人说："只要打开书本，总是有好处的。"这就是"开卷有益"这个成语的由来。

刻舟求剑

【书证】

《二十年目睹之怪现状》："猜迷不能这等老实，总要从旁面着想；其中虚虚实实，各具神妙，若要刻舟求剑，只能用朱注去打四书了。"

【解释】

比喻方法死板，不能随情势的变化而采取措施。

【故事】

春秋时期，有个楚国人，他在搭乘渡船过江时，一不小心，随身佩带的一把剑从渡船边上掉到江里去了。他马上在船边上刻了一个记号。这时，有人纳闷，就问他："你的剑掉到江里，你不去打捞，却在船边刻上个记号，那有什么用啊？"他回答道："我的剑就是从这个地方掉下去的，等会我就按着这个记号下水，便能把剑找回来了。"众人一听，不禁都摇摇头，无话可说了。

等到渡船过了江，到了岸，他才不慌不忙地按照他所刻下的记号，下水去找他的剑。他哪里还能找得到，渡船已经走到江边，离他掉下去剑的地方已经很远了，掉到水里的剑是不会随着渡船走的。他怎么能找得到剑呢？

空中楼阁

【书证】

《百喻经·三重楼喻》:"愚人见其垒墼作舍,犹怀疑惑,不能了知,而问之言:'欲作何等?'木匠答言:'作三重屋。'愚人复言:'我不欲下二重之屋,先可为我作最上屋。'"

【解释】

"空中楼阁"这则成语的意思是悬挂在空中的楼房亭阁。指脱离实际的理论或虚构的东西。

【故事】

在很久以前,有一个村庄住着一个非常有钱的大财主,他虽然富有,但生性愚钝,尽做傻事,所以常遭到村人的嘲笑。

有一天,傻财主到邻村的一位财主家做客。他看到主人家一幢三层楼高的新屋,宽敞明亮,高大壮丽,心里非常羡慕,心想:我也有钱,而且并不比他的少。他有这样一幢楼,而我没有,这可不行,我也要盖一幢新楼。于是他一回到家,就马上派人把工匠找来,问道:"邻村新造的那幢楼,你们知道是谁造的吗?"工匠们回答道:"知道,那幢楼是我们几个造的。"傻财主一听,非常高兴,说:"好极了,你们照样子再给我盖一次。记住要三层楼的房子,要和那幢一模一样。"工匠们一边答应,心里一边嘀咕:不知道这次他又会做出什么傻事来。可是不管怎样,还得照吩咐去做,于是大家便各自忙开了。

有这么一天,傻财主来到工地,东瞅瞅,西瞧瞧,心里十分纳闷,便问正在打地基的工匠,说:"你们这是在干什么?"工匠回答说:"造一幢三层楼高的屋子呀,是照您的吩咐干的。"傻财主一听,连忙摇着头说:"不对,不对。我要你们造的是那第三层楼的屋子。我只要最上面的那层下面那两层我不要的房子,快拆掉。要先造最上面的那层。"工匠们听后哈哈大笑,说:"只要最上面那层,我们不会造,你自己造吧!"工匠们走了,傻财主望着房基发愣。他不知道,只要最上面一层、不要下面两层的房子,那是世上再高明的工匠也造不出来的。

口蜜腹剑

【书证】

《资治通鉴·唐纪·玄宗天宝元年》:"李林甫为相……尤忌文学之士,或阳与之善,啗以甘言而阴陷之,世谓李林甫口有蜜,腹有剑。"

【解释】

形容人嘴甜心毒,为人阴险。

【故事】

唐朝时,唐玄宗李隆基执政,他的宰相是李林甫。而李林甫又是玄宗的族人,可谓权势显赫,不可一世。此人若论才艺倒也不错,能书善画。但若论起品德,那就很成问题了。他嫉贤妒能,凡是才能比他强、声望比他高、权势地位和他差不多的人,他都要不择手段、千方百计地予以排斥、打击。不仅如此,他还有一套谄媚奉承的本领。他极力迁就玄宗,并且使用各种各样的方法,讨好玄宗的心腹太监和后宫宠信的嫔妃,以便取得他们的欢心和支持,以稳固自己的地位。

李林甫在和别人接触的时候,总是露出一副平易近人、和蔼可亲的样子,嘴里说一些很贴心、很动听的话。但实际上,他十分阴险狡猾,常常是两面三刀暗中害人。例如,有一次,他装出一副很真诚的样子对同僚李适之说:"华山出产大量黄金,如果我们能开采出来,就会大大增加国家的财富。可惜皇上还不知道呢。"李适之以为这是真话,立即拜见玄宗,建议快去开采,以添满国库。唐玄宗听后很高兴,立刻把李林甫宣来商议此事,可李林甫在皇上面前却说:"这消息我早就知道,华山历来是帝王的风水宝地。怎么可以随便开采呢?说华山出产黄金,劝您开采之人,恐怕是不怀好意,别有用心吧!"唐玄宗听了,认为他真是一位忠臣良相,反而对李适之大为不满,疏远他了。

就这样,李林甫凭借这套特殊的"本领",在朝中一直做了19年的宰相。

"口有蜜,腹有剑",这是后人给他的评价。

口若悬河

【书证】

唐代韩愈《石鼓歌》："安能以此上论列，愿借辩口如悬河。"

《三国演义》："假使苏秦、张仪、陆贾、郦生复出，口若悬河，舌如利刃，安能动我心哉！"

【解释】

原意为讲起话来滔滔不绝，像瀑布一样奔流倾泻。形容能说善辩，说起来没完。后多为贬义。

【故事】

晋朝时期，有一位大学问家，名叫郭象，字子玄，湖南人氏。他在年纪很轻的时候，就才华出众。尤其是他对于日常生活中所发现的问题，总要刨根问底，弄清其中的道理。他既能留心观察，又能细心思考。因而他的知识很渊博，对于事情也有独到的见解。后来，他又潜心研究老子和庄子的学说，很有收获，对于老子和庄子的学说也有了深刻的理解。

由于他的学识很丰富，分析和说理的能力很强，谈论起来有条有理，所以，无论什么事情，他都能说得头头是道。再加上他口才很好，很会说话，而且，又非常喜欢发表自己的见解，因此，每当人们听到他滔滔不绝的谈论时，都会觉得津津有味。

当时有一位太尉，他十分欣赏郭象的学识和口才，称赞郭象说："听郭象谈话，就好比悬挂着的大河，水不断地奔泻下来，永远没有枯竭的时候。"

困兽犹斗

【书证】

《左传·宣公十二年》："城濮之役，晋师三日谷，文公犹有忧色。左右曰：'有喜而忧，如有忧而喜乎？'公曰：'得臣犹在，忧未歇也。困兽犹斗，况国相乎！'及楚杀子玉，公喜而后可知也。曰：'莫余毒也已！'是晋再克而楚再败也，楚是以再世不竞。"

【解释】

原意为野兽被围困住后仍然要做最后的抵抗。比喻人陷入绝境后，要顽固挣扎、抵抗。

【故事】

春秋时代，晋、楚两国为了郑国的事发生了战争，结果晋军大败。统帅荀林父，领着残军败将，万分懊丧地回到晋国向晋景公请罪，自愿处死。晋景公非常生气，命令将荀林父削职处死。

士大夫贞子却不同意，他劝晋景公说："晋文公在世的时候，晋、楚城濮之战，晋军大胜，楚国将军子玉大败。晋军光缴获的粮食就足足吃了三天。可晋文公还是面有忧色，闷闷不乐。左右大臣问晋文公：'有这么大的喜事您为什么还发愁呢？'晋文公说：'楚国的大将子玉还活着，我怎么能放心得下？困兽犹斗，被包围的野兽尚且还要挣扎反抗，何况他还是一员猛将，岂肯甘心失败！后来，听说楚成王命令败将子玉自杀了，晋文公才高兴地笑着说：'没有人能加害于我了！'楚国杀了子玉，等于让晋国又得了一次胜仗，楚国再吃了一次败仗，从此以后，楚国就衰弱不振了。"

士大夫贞子又马上引到荀林父的事上说："如果我们现在杀了荀林父，不是与楚王杀了子玉一样吗？况且，荀林父一向忠诚卫国，虽打了一次败仗，也罪不该死呀。"晋文公听了，便下令免去荀林父的死刑，并恢复了他的官职。

滥竽充数

【书证】

《韩非子·内储说上》(《集释》)："齐宣王使人吹竽，必三百人。南郭处士请为王吹竽，宣王说之，廪食以数百人。宣王死，湣王立，好一一听之，处士逃。"

【解释】

指没有真才实学的人混在行家里充数，或是以次充好，有时也用作自谦之辞。

【故事】

战国时期，齐宣王非常喜欢听人

吹竽(竽是古代一种用竹子制成的多管乐器,类似笙)。他不喜欢听独奏,而是喜欢许多人一起合奏给他听。所以齐宣王派人到处搜罗能吹善奏的乐工,组成了一支300人的吹竽乐队。那些被挑选入宫的乐师,受到了特别优厚的待遇。

这时,有一个游手好闲、不务正业的浪荡子弟,名叫南郭。他听说齐宣王有这种嗜好,就一心想混进这个乐队,便设法求见宣王,向他吹嘘自己是一名了不起的乐师。最后他博得了宣王的欢心,被编入了吹竽的乐师班里。可笑的是,这位南郭先生根本不会吹竽。每当乐队给齐宣王吹奏的时候,他就混在300人的队伍里,学着别的乐工的样子,双手捧着竽,嘴唇微微地动,摇头晃脑,东摇西摆,装模作样地在那儿"吹奏"。其实,他并没有吹出声音来。因为他学得惟妙惟肖,又是几百人在一起吹奏,齐宣王也听不出谁会谁不会。就这样,南郭混了好几年,不但没有露出一丝破绽,而且还和别的乐工一样领到一份优厚的赏赐,过着舒适的生活。

后来,齐宣王死了,他儿子齐湣王继承王位,这位新任的国君同样也喜爱听吹竽。只有一点不同,他不喜欢听合奏,而喜欢乐师们一个个单独吹给他听。南郭先生听到这个消息后,吓得浑身冒汗,整天提心吊胆的。他心想,这回要露出马脚来了,要是落个欺君犯上的罪名,连脑袋也保不住了。所以,他趁齐湣王还没叫他演奏时,扔下他的竽悄悄地溜走了。

老当益壮

【书证】

《后汉书·马援传》:"(援)后为郡督邮,送囚至司命府,囚有重罪,援哀而纵之,遂亡命北地。遇赦,因留牧畜,宾客多归附者,遂役属数百家,转游陇汉间。尝谓宾客曰:'丈夫为志,穷当益坚,老当益壮。'因处田牧,至有牛马羊数千头,谷数万斛。既而叹曰:'凡殖货财产,贵其能施赈也,否则守钱虏耳。'乃尽散以班昆弟故旧,身衣羊裘皮绔。"

【解释】

后人用"老当益壮"的典故形容仁人志士不服老,在任何情况下都能保持志向与节操。

【故事】

东汉时期，有一员大将，名叫马援，从小就胸怀大志。马援知书识礼，精通武艺，为人忠耿正直。哥哥死了，马援就行丧礼，侍奉寡嫂，恭敬尽礼。后来他做扶风郡督县官，奉命押送一批囚犯，沿途他见囚犯们痛苦哀号，不觉动了恻隐之心，把那批囚犯都放了，自己逃亡到北方去。

马援在北方放牧，因为不辞辛苦，善于经营，不到几年的工夫，就成了一个大牧主，拥有牛羊几千头，粮食几万石。但是，他对富裕生活并不满足。他把自己积攒的财富，都分送给了他的兄弟朋友。他说："一个人做个守财奴，太没有意思了。"马援还说："男子汉大丈夫，应该有远大志向，越穷越坚强，越老越健壮。"

之后，马援在东汉做大将，为东汉统一天下立下了汗马功劳。尤其在平定西南部族的叛乱和匈奴的骚乱上，马援有不可磨灭的功绩。有人劝他说："您已经很辛苦了，应该在家里休养休养了。"马援说："男子汉大丈夫，死也应该死在战场上，让别人用马皮裹着尸体送回来埋葬，怎么能够老待在家中，守着妻子儿女过日子呢？"

后来洞庭湖一带又发生了五溪蛮人作乱，光武帝派兵征讨，因山泽瘴气熏人，全军覆没。马援知道了，向光武帝上禀，自请带兵出征。光武帝看看他，想了一会儿说道："你年纪太老了吧。"马援道："我年虽六二尚能披甲上马，不能算老。"马援穿好甲胄一跃登鞍，威风凛凛，十分自豪，率领浩浩荡荡的汉军驰骋沙场去了。光武帝称赞道："这个老人家，真是老当益壮啊！"

老马识途

【书证】

《韩非子·说林》："管仲、隰朋从于桓公伐孤竹，春往冬反，迷惑失道。管仲曰：'老马之智可用也。'乃放老马而随之，遂得道。"

【解释】

比喻年长而富于经验的人对世事比较熟悉，能起带头或指导作用。

【故事】

春秋时期，齐国为了援助燕国，

便派兵打败了侵犯燕国的山戎国(今河北迁安县一带)。山戎王逃往孤竹国(今河北卢龙县到辽宁朝阳县一带)去了。于是,齐桓公带着相国管仲,率领部队继续攻打孤竹国。

有一天,齐桓公率领部队走进一片沙漠地带,结果,左转右转,怎么也找不到路了。这时,天近傍晚,茫茫无边的沙漠像大海一样,分不清东南西北。管仲对齐桓公说:"我以前听说北方有个迷谷,是个十分危险的地方。我想这里大概就是迷谷了,不能再往前走了。"

天渐渐地暗下来了,刺骨的寒风吹得士兵们瑟瑟发抖,想点火取暖,可是带去的火种早已被风吹灭了。好不容易把队伍聚拢在一起,挨到天亮,人马已零散不全了,个个神色沮丧,情绪低落。管仲觉得再这样下去,会有全军覆没的危险,急忙传令,赶快寻找出路,可是走来走去,总是走不出迷谷,大家都慌张恐惧极了。管仲猛然想到老马能记得走过的路途,便对齐桓公说:"我听说,老马识途,我们有的马是从山戎来的,不如挑选几匹这样的老马,让它们在前边走,我们在后面跟着,也许能找到出路。"齐桓公虽然半信半疑,但没有别的办法,只好试一试。管仲派人挑选了几匹老马,让它们在前面带路,只见那几匹老马,不紧不慢地走着,居然领着大队人马走出了迷谷,回到了原来的大路上。齐军这才死里逃生。

乐不思蜀

【书证】

《汉晋春秋》:"司马文王(司马昭)与禅宴,为之蜀技作故,旁人皆为之感怆,而禅喜笑自若……王问禅曰:'颇思蜀否?'禅曰:'此间乐,不思蜀。'"

【解释】

只顾着享受安乐,而不再思念故土。比喻乐而忘返或乐而忘本。

【故事】

在三国争霸的时代,蜀国皇帝刘备死后,由他的儿子刘禅继承父业,后来军师诸葛亮也去世了。刘禅是个庸碌无能的人,蜀国很快就被魏国灭掉了,刘禅和随从官员投降后被迁往魏都洛阳。魏王封他为"安乐公"。

有一次，大将军司马昭宴请刘禅等人。宴会上，司马昭命人表演蜀国歌舞，那些跟随刘禅的蜀国官员都难过得流下眼泪来，可刘禅却嬉笑自若。司马昭问他想不想家乡，他随口答道："此间乐，不思蜀也。"

厉兵秣马

【书证】

《左传·僖公三十三年》："郑穆公使视客馆，则束载厉兵秣马矣。"

《旧唐书·刘仁轨传》："虽妖孽充斥，而备预甚严，宜砺戈秣马，击其不意，彼既无备，何攻不克？"

【解释】

指磨利兵刃，喂饱战马，做好作战准备。

【故事】

春秋时代，晋国联合秦国要攻打郑国，郑国派人劝秦国不要做损人不利己的事。于是，秦国从郑国撤军回国，并留下了杞子、逢孙、杨孙三人帮助郑国镇守国邦。两年后，杞子给秦穆公一封密信，说："郑文公派我们掌管都城北门，如来袭击，我做内应，郑国就可拿下。"秦穆公向老臣蹇叔征求意见，蹇叔不赞成，认为远距离行军，去偷袭是很难成功的。但秦穆公不听，派孟明祀等大将，率领军队偷袭郑国。

郑国有个商人名叫弦高，赶着牛群要到京城洛阳做买卖。在路上碰到秦军，他得知秦军要偷袭郑国时，急中生计，骗秦军说自己是郑国派来欢迎秦军的，并献上1000张牛皮、12头牛来表示心意。弦高一面应付秦军，一面赶快派人向郑国国君报告。郑穆公得知大吃一惊，连忙派人到北门去察看秦国驻军的动静。只见他们已经磨利了兵、喂饱了战马，准备等秦军一到就马上动手。郑穆公忙派大夫皇武子去婉言辞退杞子等人。杞子等人知道阴谋败露，无法立足，就慌忙逃走了。秦军孟明祀等人看到郑国已有准备，不敢贸然偷袭，只好带兵回国。

洛阳纸贵

【书证】

《晋书·文苑·左思传》:“于是豪贵之家,竞相传写,洛阳为之纸贵。”

《镜花缘》:“人说‘洛阳纸贵’;谁知今日闹到‘长安扇贵’。此时画的手也酸了,眼也花了。”

【解释】

形容作品很有价值,流传很广,风靡一时。

【故事】

西晋文学家左思,小时候对弹琴、写字这些才艺全学不好,而且说话还有些口吃。他的父亲左雍嫌他不够聪明,竟有一次当着朋友的面贬低他。左思觉得很惭愧,便发奋用功读书。后来,左思果然写出了好文章,得到大家很高的评价。左思写文章非常用心,曾用一年的时间,写了一篇《齐都赋》,之后全家迁居京城。他被任命为“著作郎”后,开始写《三都赋》,他整天苦心构思,不论在什么地方,只要想起了好的句子,就立刻记录下来。他就这样努力地写了10年,才完成这篇《三都赋》。

左思拿着《三都赋》去向当时著名学者皇甫谧请教,皇甫谧读了十分赞赏,还给他写了序。文学界的许多权威人士也都高度评价《三都赋》这篇文章。

左思这篇杰作,很快流传开来。文士们争相传抄。于是,洛阳的纸价顿时上涨了。

马革裹尸

【书证】

《东观汉记·马援传》:“男儿要当死于边野,以马革裹尸还葬耳,何能卧床上,在儿女手中邪!”

【解释】

比喻军人奋勇战斗，战死沙场。

【故事】

东汉名将马援，年轻时因同情一批犯人，擅自把他们释放，他自己也只得逃到甘肃，以种地、养畜为生。后来，居然牛羊成群，谷物满仓。但他觉得一味追求享受的是庸俗的人，于是，便把财物分给了亲邻和朋友。

汉光武帝时，马援保卫边疆，立下了赫赫战功。汉光武帝拜他为“伏波将军”，封他为“新息侯”。

有一次，“威武将军”刘尚在贵州打了败仗，全军覆没。马援听到了这个消息，便主动要求上前线去。这时，马援已经62岁了，光武帝觉得他年纪太大了，没有批准。马援不服，当场披甲上马。他在马上昂首挺胸挥舞着兵器，十分威武。光武帝见状不禁赞叹道：“多精神啊，这位老将！”这才批准马援带领军队，开往贵州战地。

在贵州作战十分艰苦，很多将士被传染上疾病。马援也不幸身染重病，但是他仍然坚守在前线的土屋里，不肯离开部队。马援说：“好男儿当为国战死疆场，以马革裹尸还葬！”

买椟还珠

【书证】

《韩非子》：“楚人有卖其珠子于郑者，为木兰之椟，熏以桂椒，缀以珠玉，饰以玫瑰，辑以羽翠，郑人买其椟而还其珠。”

【解释】

比喻没有眼光，取舍不当。

【故事】

春秋时代，楚国有个珠宝商人，有一次他要到郑国去兜售珠宝，为了使珠宝畅销，他特地用名贵的木材雕成小盒子，并把这些盒子装饰得非常精美，用桂花熏制使盒子散发出香味，然后把珠宝装在里面。

有一个郑国人，看到这个装珠宝的盒子那么精致美观，就出高价买了去。他打开盒子，把里面的珠宝退还商人，只留下了盒子。

这个郑国人只知盒子的好看，却不晓得珠宝的价值要比盒子的价值高多少！

毛遂自荐

【书证】

《儿女英雄传》:“为此晚生不揣鄙陋,竟学那毛遂自荐。”

【解释】

比喻自告奋勇,自己推荐自己去做某件事。

【故事】

战国时期,秦军包围了赵国都城邯郸,局势十分危急。赵王派平原君到楚国去请求援救,同时缔结联合抗秦的盟约。平原君打算从食客中挑选出 20 名能文能武、有勇有谋的人,随同他前往楚国。可是选来选去,只选出了 19 名,还缺 1 个人,再也选不出中意合适的人了。这时,有个名叫毛遂的食客,向平原君自我推荐,说:“听说您要带 20 人前往楚国,现在尚缺 1 人,请您让我来凑个数吧。”平原君看了看他,对他毫无印象,就问道:“你到我门下几年了?”毛遂说:“已有 3 年了。”平原君又说:“一个人如果真有才能,好比一把锥子装进布袋里,它的尖马上就会刺破布袋露了出来。你在我的门下住了 3 年,我都没有听谁说过你有什么才能,所以你不适合去,还是留在家里吧。”毛遂说:“那现在,就请您把我当作锥子放进布袋里。假如您早点把我放进布袋,那不仅是锥尖刺破布袋,恐怕整个锥子都显露出来了。”于是,平原君同意他随同前往。

毛遂等人跟随平原君赶往楚国。一路上,同行的人在与他交谈的过程中,发现他果然很有学问,能言善辩,谈论起天下大事头头是道,很有见解,使大家改变了以前对他的看法,并渐渐地佩服起他来了。到了楚国,平原君与楚平王会谈那天,两人从早晨一直谈到中午,也没有谈出结果,原因就是楚王不愿意抗秦援赵。毛遂这时自告奋勇代他们上殿去看看情况。只见他手按着剑从容不迫地走进殿去,大步走到楚王面前说:“大王之所以敢随意呵斥人,是仗着楚国人多势众罢了,但现在您跟我的距离不到 10 步,您的性命掌握在我的手里,楚国纵然再强大也没有用的。”接着,毛遂又向楚王分析了楚秦两国从过去到现在的关系,说明赵国派使臣到楚国不只是为赵国自己,联盟共同抗秦对楚国、赵国都有好处，楚国是没有理由反对的。

楚王觉得毛遂说得有理，就与平原君歃血为盟，联合抗秦。

从此以后，毛遂受到了平原君的重用，被奉为上宾。

门可罗雀

【书证】

《史记·汉郑列传》："始翟公为廷尉，宾客阗门；及废，门外可设雀罗。"

《梁书·到溉传》："及卧疾家园，门可罗雀。"

【解释】

原意为门口可以设网捕雀。形容门庭冷落，来客稀少。

【故事】

汉朝，有两个有名的大臣，一名叫汲黯，一名叫郑当时。汉景帝时，汲黯任"太子洗马"，郑当时是"太子舍人"。汉武帝继位后，汲黯升任"东海太守"，后为"主爵都尉"，郑当时任"大农令"。两人都职高权重，威望重，没有人不敬畏的。每天前去拜访的客人，出出进进，十分热闹。可这两人都刚直不阿，最后都丢了官。从此，平时往来不断的那些客人，也不再上门了。他们这种情景，就像下邽的翟公一样。从前翟公当朝中廷尉的时候，来的宾客把屋子坐得满满的，可翟公被罢官后，大门外冷冷清清的，都可以设置捕雀的网了。后来，翟公官复原职，客人又要登门拜访，翟公便在大门口写下："一死一生，乃知交情；一贫一富，乃知交态；一贵一贱，交情乃见。"

名落孙山

【书证】

宋·范公偁《过庭录》："乡人问其子得失，山曰：'解名尽处是孙山，贤郎更在孙山外。'"

宋·谢维新《合璧事类》："解名尽处是孙山，余人更在孙山外。"

【解释】

原意是名次排在榜上最后一名的孙山的后面。表示投考没有录取。

【故事】

宋朝时，读书人要做官，就必须参加科举考试。乡试(科举考试中地方上最高一级的考试)合格的称为举人。取得了举人的资格，就可以到京都参加最高一级的考试——会试了。

有一年秋天，省城里要举行乡试，当地有个名叫孙山的读书人，准备到省城去应试。

这个孙山能说会道，滑稽诙谐，人称"滑稽才子"，乡里人对他中举寄予厚望。临行前，乡里一位老人来拜访孙山，请孙山与他的儿子一起去应考，以便他儿子能得到一些照应。孙山爽快地答应了。

两人结伴到省城后，很顺当地参加了考试，接着是等待发榜。发榜那天，孙山怀着紧张的心情，到发榜处去观看。看榜的人群很拥挤，孙山好不容易才挤到前面，一连看了几遍，都没有看到自己的名字。他有些灰心丧气，准备再看一遍，若榜上确实无名就马上离去。结果，竟在最后一行中见到了自己的名字。原来，自己是以末名中举，顿时转忧为喜。至于一起来应试的乡人儿子的名字，则无论如何也找不到，他肯定落榜了。

孙山回到旅店，把发榜的情况向乡人儿子说了。对方听说自己榜上无名，闷闷不乐，表示想再在省城待几天，再回家去。孙山归心似箭，第二天一早就往家里赶去。

孙山回到家里，乡邻们得知他中了举，都纷纷向他表示祝贺。那老人见儿子未回来，就问孙山他儿子是否榜上有名。孙山没有正面回答，而是诙谐地念了两句诗："解名尽处是孙山，贤郎更在孙山外。"原来，当时中举后再去京城会试的，都有地方解送入试，所以乡试第一名称为解元，榜上的举人名字都称解名。孙山这两句诗的意思是：举人的最后一名是我孙山，你儿子的大名还在我孙山之后呢，言下之意是乡人的儿子落榜了。

那老人听到很有才气的孙山也只考了最后一名，他的儿子比孙山差远了，榜上无名是很自然的，便平心静气地走了。

鸣鼓而攻

【书证】

《论语·先进》："非吾徒也。小子鸣鼓而攻之，可也。"

《儿女英雄传》："如今见我这等回来，他们竟自闭门不纳，还道我不是安分之徒，竟大家鸣鼓而攻起来？"

【解释】

指大张旗鼓地声讨或谴责。

【故事】

春秋时期，鲁国贵族季氏，世代为卿。到了季康子这一代，权高势大，已经快和国君平起平坐了。那时，正是没落的奴隶制与新兴的封建制的矛盾渐趋突出、奴隶主集团内部革新与守旧两极分化的时期。季康子倾向革新，他先着手改革田制，承认田地私有和个体农民的合法，试行按亩收税。季康子有一个得力助手叫冉求，是孔子的学生。季康子叫冉求去见孔子，想听听孔子对改革田制的意见。

冉求见到孔子，恭敬地拿出准备试行的新法条文，向先生请教。孔子却气愤地说："我不懂。"就不再理睬他了。冉求再三恳请说道："夫子，您德高望重，我是诚心诚意地向您请示。"可孔子还是不语。最后，冉求同他个别谈话时，孔子才说："君子的一切行为都要顾到一个'礼'字，我们历来的礼法就是王法，怎么能改呢？季康子的改法，只是为了更多的搜刮而已，此为不仁之举。如果他守法，不是早就有法了吗？如果他不守法，为所欲为，又何必再来问我！"

冉求回去后，并没有听孔子的话，反而更加积极地帮助季康子推行新法。孔子对此十分生气，对其他学生说："冉求不再是我的门徒了，你们敲鼓一齐向他发起攻击吧！"这就是成语"鸣鼓而击"的由来。

模棱两可

【书证】

《旧唐书·苏味道传》:“尝谓人曰:‘处事不欲决断明白,若有错误,必贻咎谴,但摸棱以持两端可矣。’”

《新唐书·苏味道传》:“决事不欲明白,误则有悔,摸(模)棱持两端可也。”

【解释】

指态度既不肯定又不否定,意见不明确。

【故事】

唐初,有个叫苏味道的人,他文章写得很好,也很有名气,当时他和另一个文人李峤,被人们称为“苏李”。

苏味道从小聪明,20岁就考上了进士,做官做到吏部侍郎。武则天执政时期,他还担任过宰相。苏味道有自己一套处世道理,办什么事都不明确表态,他认为这样做可以不得罪人,不出错误,即使错了,也不必负什么责任。他说:“一根方柱有四条棱,用手抚摸任何一条棱,都可以同时摸到两个面,但谁也确定不了你究竟摸的是哪一面,叫模棱持两端。”人们听了以后,都叫他“苏摸棱”“摸棱手”。后来这句“模棱持两端”演变成“模棱两可”这一成语。

磨杵成针

【书证】

明·陈仁锡《潜确类书》:“李白少读书,未成,弃去。道逢老妪磨杵,白问其故。曰:‘欲作针。’白感其言,遂卒业。”

《目连·救母·刘氏斋尼》:“好似铁杵磨针,心坚杵有成针日。”

【解释】

原意是把铁棒槌磨成绣花针。比喻有恒心,有毅力,再大的困难也能克服。只要工夫深，铁杵磨成针，也是说明这个意思。

【故事】

唐代著名的诗人李白，祖籍陇西成纪（今甘肃秦安东），生于中亚的碎叶（今巴尔喀什湖南的楚河流域）。5岁时，随父亲迁居绵州昌隆（今四川江油），随即开始认字读书。他天资聪颖，到10岁时已读了很多诗书。

那时，李白的父亲是个富商，家里很有钱。所以，李白从小养成好玩的习惯，不能集中心思读书。往往读上一会儿后，就放下书本，到外面闲逛去了。有一天，李白又读得心烦起来，便走了出去。途中遇见一个老婆婆，正在吃力地磨一根铁棒。李白见了，觉得很奇怪，便问道："老婆婆，您为什么要磨这根铁棒呢？"老婆婆抬头瞧了瞧李白，回答说："孩子，我这是要把它磨成针哪！"李白惊奇极了，说："啊，这么粗的一根铁棒，要把它磨成针，能行吗？"老婆婆笑了笑说："能行，能行，我不停地磨下去，这铁棒就会越来越细，最后一定会被磨成针的。"李白被老婆婆的话感动了，于是，回到家里发奋读书，终于成为一位伟大的诗人。

"磨杵成针"就是从这个故事概括出来的。

目不识丁

【书证】

《旧唐书·张弘靖传》："今天下无事，汝辈挽得两石力弓，不如识一丁字。"

【解释】

形容一个字都不认识。

【故事】

唐代唐宪宗时，幽州节度使张弘靖部下有两个从事，一个叫韦雍，一个叫张宗厚。这两人仗势欺人，横行霸道。他们经常聚在一起吃喝玩乐，玩到深夜都不散，而且还叫侍卫们前呼后拥地护送他们回家，灯笼火把把满街照得通亮，闹得城里鸡犬不宁，百姓们不得安宁。他们一不高兴，就拿士兵和百姓出气，不是乱打，就是谩骂，耀武扬威，无法无天。有一天，他们又喝醉了酒，对士兵们无故大骂："现在天下太平无事，又不打仗，要你们这些饭桶有屁用！能拉得两石弓，还不如识一个‘丁’字！”这些士兵大多没有文化，但听到他们这样侮辱，也感到非常气愤。不久，张弘靖贪污了一笔犒赏士兵的经费，士兵们知道后怒火满腔，忍无可忍，于是联合百姓一起造反，杀了韦雍、张宗厚，抓了张弘靖，并包围了他的住处。朝廷也没办法，为了平息人们的愤怒，只好把张弘靖降职调走了事。

南柯一梦

【书证】

宋代诗人范成大诗道：“一枕清风梦绿萝，人间随处是南柯。”

元人郑光祖《倩女离魂》：“原来是一枕南柯梦里。”

【解释】

指幻梦或空欢喜一场。

【故事】

从前，有一个叫淳于棼的人，喜爱喝酒。一天，他在门前一棵大槐树下喝得烂醉，他的两个朋友把他扶进屋里，放在床上躺下，他便糊里糊涂地睡着了。恍惚间，他看见两个使者走进来，说是奉大槐国国王的命令来请他的。他十分高兴，立即穿好衣服，出门登车，跟着他们往大槐树根部的一个树洞直奔而去。一进洞，才发现里面别有天地，城郭村庄，山川旷野，都有一种异国情调。他进宫拜见了国王，国王当即把他招为驸马，并任命为南柯郡太守。不知不觉，他在南柯郡呆了30年，由于政事管理得好，深受百姓的爱戴，公主贤惠，他身边已有了五男二女，家庭美满，官位显赫，一切都顺心如意。不料有敌国入侵，他领兵出战，结果打了败仗，公主这时也去世了，国王就把他送回老家。这时，他也醒了，才发现刚才是做了一场梦。淳于棼把梦里的奇遇告诉了朋友，大家一起来到大槐树下，挖开树洞看，只见里面有个蚂蚁窝，还有一个土堆成的小城楼，一群小蚂蚁护卫着一个大蚂蚁。这就是淳于棼梦里的大槐国了。

南辕北辙

【书证】

《战国策·魏策四》："魏王欲攻邯郸，季梁闻之，中道而反，衣焦不申，头尘不去，往见王曰：'今者臣来，见人于大行，方北面而持其驾，告臣曰：'我欲之楚。'臣曰：'君之楚，将奚为北面？'曰：'吾马良。'臣曰：'马虽良，此非楚之路也。'曰：'吾用多。'臣曰：'用虽多，此非楚之路也。'曰：'吾御者善。'此数者愈善，而离楚越远耳。今王动欲成霸主，举欲信于天下，恃王国之大，兵之精锐，而攻邯郸，以广地尊名，王之动愈数，而离王越远耳，犹至楚而北行也。'"

【解释】

"辕"是古代车马前面的两根车横；"辙"是车轮走过后路面形成的痕迹。意思是打算向南方走，而他走的路却是朝北方的。后人用"南辕北辙"比喻所采取的行动和要达到的目的正好相反，结果是离目标越来越远。

【故事】

战国后期，一度称雄天下的魏国渐渐衰落，可是，魏王仍想去攻打赵国的国都邯郸。谋臣季梁听到这个消息后，劝阻他不要伐赵，季梁见到魏王说："我刚才在路上看见一个人坐着车子向北方走，他对我说：'我到楚国去。'我问他：'你到楚国去为什么朝着北方前进呢？'他说：'我的马很能跑路。'我说：'马虽然很能跑路，但这不是到楚国去的路呀！'可是他又说：'我的旅费很多，我的车夫驾车技术很高。'您看，他这样做岂不是离楚国更远！"季梁接着又说："您常说要成为一个霸王，让天下人都信服您。可是，现在您仗着大国雄师，想去侵犯赵国邯郸，以扩大您的领土和威名，这样做下去，就会离您成就霸业的目标越来越远！正如这个人想到楚国去，反而驾着车子往北去一样。"

季梁的意思是叫魏王要以德服人，而不能以武服人。以德服人，可以永远；以武服人，只不过夺人于一时，到头来还是不得人心。

魏王听了这一番话，深感季梁给他点明了重要的道路，便打消了讨伐赵国的念头。

披荆斩棘

【书证】

《后汉书·冯异传》:“异朝京师引见,帝谓公卿曰:‘是吾起兵时主簿也,为吾披荆棘,定关中。’”

【解释】

原意是劈开、割断丛生的多刺植物。后人用这个典故比喻在创业过程中清除障碍,艰苦奋斗。

【故事】

东汉时,有一位著名的军事将领叫冯异,颍川父城(今河南宝丰东)人,字公孙。他谦虚好学,智勇双全,深得部下敬仰。每次战斗胜利后,诸将并坐论功,他却悄悄退避树下,军中的人们都称他为“大树将军”。

在刘秀南征北战、夺取政权的日子里,冯异跟随刘秀东讨西伐,出生入死,立下了汗马功劳,很得刘秀的器重。东汉王朝建立以后,汉光武帝刘秀封他为阳夏侯,任征西大将军。

冯异长期坐镇长安,老百姓都称他为咸阳王,但也有些人向刘秀告状,说他威势太甚了,以挑拨他与皇上的关系。为此,冯异写了一份奏折,表明了自己的忠君之心,刘秀回诏说:“我们义则君臣,恩如父子,从无嫌疑,不要怕他们挑拨。”后来,冯异入朝谒见,刘秀当着文武百官的面说:“冯异是我起兵时的主簿,为我披荆斩棘,平定关中,屡建奇功,是有功之臣!”

披星戴月

【书证】

《雍熙乐府·六么令〈华亭江上〉》:“春夏秋冬,披星戴月守寒溪。”

《西游记》:“师徒们过了黑水河,

找大路一直西来。真是个迎风冒雪，戴月披星。”

【解释】

原意为身披星星，头顶月亮。形容早出晚归，辛勤劳动，或日夜赶路，旅途辛苦。

【故事】

春秋时期，鲁国有一个人叫宓不齐，字子贱，他是孔子的弟子。有一段时期，他在单文地方做县官。他坐在公堂上，一面弹着琴，一面指示他的下属办理公事，自己从来不出衙门，却能把单文治理得很好。后来宓子贱离职，巫马子期去接替他的县官职务。巫马子期任劳任怨，勤勤恳恳，工作非常认真。他天还没有亮就披着星星出门，一直到月亮升起才回来。无论什么事情，他都要亲自去办理，所以也把单文治理得很好。

巫马子期觉得自己治理单文，费了许多艰辛才能办理好，而宓子贱整天只是坐在堂上弹弹琴，也能把单文治好，这是什么道理呢？于是跑去见宓子贱，问道：“你每天只弹弹琴就能治理好单文，我觉得你一点也不劳苦。”宓子贱回答说：“我是任用能干的人，你是不管什么都自己去办；任用能干的人替我办事，我自然就安逸了，你样样事情都要亲自去做，那自然就辛苦了。”子期说：“噢！我的施政方法，实在还不够高明呢！”

后人把子期早上披着星星出去，晚上戴着月亮回来，归纳为“披星戴月”这则成语，比喻早出晚归辛勤地劳作。

破釜沉舟

【书证】

《史记·项羽本纪》：“项羽乃悉引兵渡河，皆沉船，破釜甑，烧庐舍，持三日粮，以示士卒必死，无一还心。”

【解释】

原意为把锅打破，把船沉掉。比喻下定决心，不顾一切干到底。

【故事】

秦朝末年，秦始皇的儿子胡亥继位以后，派兵攻打赵国。赵国请求楚国援助，楚王为了救赵国，便派大将宋义为上将，项羽为副将率领楚军前去救援。但是，宋义不敢与秦军决

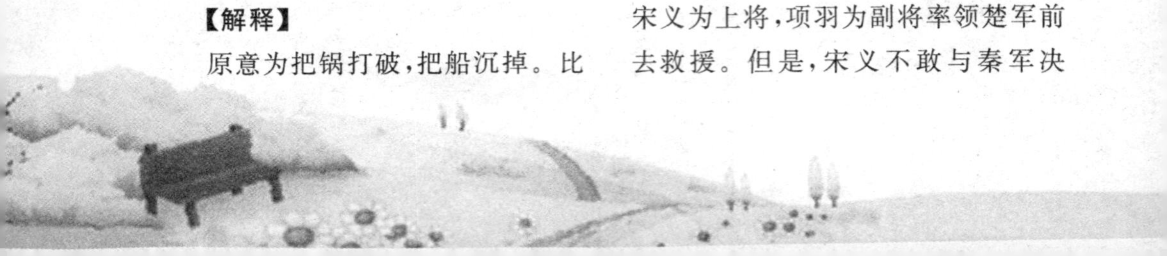

战，领兵迟迟不前，贻误战机，项羽假传楚王密令杀死了宋义，然后率领大军渡过漳河。在漳河岸边，项羽下令把船全部凿破，沉入水中；把做饭的锅和蒸饭的瓦甑，都敲破；把营房都烧掉。限定每个士兵只保留三天的干粮，用以向全军将士表示誓同秦军决一死战，如果不能打胜，就只有死，没有任何的退路。这样楚军士兵都抱定不打胜仗决不生还的坚定决心。因此，楚军一到，就迅速把秦军包围起来，截断了他们运粮的后路，楚军与秦军展开了激烈的搏斗，打得秦军落花流水。那时各地派来援赵的十多支部队，都不敢与秦军交锋，现在看见楚军将士以一当十，冲锋陷阵的，喊声惊天动地，个个勇猛无比，项羽挥戈跃马，带头冲入敌阵，一刀就把秦将苏角砍成两截，敌军都看得胆战心惊。

这一战役中，项羽消灭了秦军的主力，取得了胜利。当项羽召见各地援军的将领时，他们都低着头走进楚军营门，统统拜伏在项羽的面前，不敢抬头看上一眼。从此以后，项羽威震四方，成了统帅各路抗秦军队的首领。

奇货可居

【书证】

《史记·吕不韦列传》："子楚……居处困不得意，吕不韦贾邯郸，见而怜之，曰：'此奇货可居。'"

【解释】

原指商人把珍奇稀有的东西囤积起来，等待高价出售。后常用来比喻挟持某种技艺或某种事物作为资本，以谋私利。

【故事】

秦朝第一代皇帝嬴政，即秦始皇。他的父亲庄襄王，原名异人，曾作为人质留居在赵国。那时秦国仗着强盛，经常与六国争雄，攻城夺地。赵国对异人很不友好，他远离家乡，举目无亲，寂寞愁苦，但也无可奈何。这时，阳翟的大商人吕不韦，在赵都邯郸（阳翟在今河南省，邯郸在今河北省）遇见了异人，了解了他的情况，便想通过异人做一笔最大的投机买卖。于是，吕不韦向他父亲请教，问道："种地能得多少？"父亲答道："得利十倍。”“那么做珠宝生意呢？”“得利百倍。”“那么囤积一个国王呢？”父亲惊叫道：“那就多得难以计算了！”吕不韦便把他打算使异人回秦接任王位的计划说了出来，并且笑着说：“此奇货可居也！”

吕不韦为了囤积这笔“奇货”实在花了一大笔本钱。他先到秦都咸阳，打听消息，奔走活动。他打听到，异人的父亲太子柱虽有几个儿子，但他的宠妃华阳夫人却没有儿子。于是，吕不韦便花钱送重礼，买通有关人员劝说华阳夫人收异人为嗣子。因为华阳夫人是楚国人，吕不韦便给异人准备了楚国服装，叫异人穿上去见华阳夫人。华阳夫人一见异人穿着楚人的服装，感到特别亲切，高兴极了，马上给异人改名为“楚”，把他当亲生儿子看待。楚的父亲柱继承王位（即孝文王）后，便封楚为太子。孝文王继位才三天就去世了，太子楚便继位为王（即庄襄王），华阳夫人成了太后，吕不韦也当上了丞相，被封为“文信侯”，收取十万户的租税为其俸禄。庄襄王死后，太子继位，即秦始皇，吕不韦仍然是相国，号称“仲父”。看来，吕不韦的这笔“奇货”是囤积对了。

杞人忧天

【书证】

《列子·天瑞篇》：“杞国有人，忧天地崩坠，身亡（之）所寄，废寝食者。”

李白《梁甫吟》：“杞国无事忧天倾。”

【解释】

形容不必要的操心，多余的忧虑，也可以简化为“杞忧”。

【故事】

大约三千年前，现在河南杞县地方，有个小国，叫做杞国。

这杞国有一个人，老爱瞎操心，明明不用担忧的事情，他也总是不能放心。最可笑的是，他整天担心天会塌下来。时时刻刻在嘀咕着：“天啊，你这么大，又这么高，一旦塌下来，可怎么办呢！咳，叫我躲到哪里去才得安全呢？……”因此，他日夜忧愁，寝食不安，不知如何是好。由于他整天提心吊胆，唉声叹气，不久就忧思成病，骨瘦如柴，倒在床上起不来了。

有个好心的人，见他如此苦恼，便去劝慰他道："天，不过是积聚起来的气体，你整天在气里呼吸活动，等于是整天在天里生活着，为什么还要怕天会塌下来呢？即使塌下来，也砸不坏人的啊，你放心好了，没事的。"

这人听了，果然明白了一些，可是他还不敢放心，他说："即使天不会塌下来，日月星辰难道不会掉下来吗？地难道也不会坏吗？地要是往下一陷落，可怎么办啊！"那个人听他说完后，笑着告诉他说："太阳、月亮、星辰，也都是由大气组成的，只不过能发光罢了。至于大地，不过是由土石堆积而成的，土石到处都有，连成一片，不可能陷，你就不要再担心了。"

杞人听了这番话，才放下心来。

起死回生

【书证】

《博望烧屯》："此人才欺管乐，智压孙吴，论医起死回生，论卜知凶定吉。"

《太平广记·太玄女》："行三十六术甚效，起死回生，救人无数。"

【解释】

原意为可以救活快要病死的人，形容医术高明。

【故事】

战国时期，有一位著名的良医，名叫扁鹊。有一次，扁鹊经过魏国，听人说虢太子昨天还好好的，今天突然死了。扁鹊听了非常怀疑，他便和弟子一齐去王宫，想了解个究竟。他向宫外的一个臣子打听，那人说太子是得了急病，在今天清早鸡鸣时死去的，尸体还未收殓。扁鹊便对他说："我是个医生，我能把太子救活。"那人不信，扁鹊又说："不信，你进去看看，太子现在的下半截身子还是温的呢。"

那个臣子仍然疑惑，连忙进宫去禀告虢君，虢君正悲痛万分，听说扁鹊能救活太子，立刻把他迎接进宫。扁鹊给太子诊断后说："这是尸厥症，是气逆昏厥，还有救。"说着，便在太子的头、胸、手、脚等处扎了针，不久，太子就苏醒过来了。国王和宫里所有的人，都非常惊讶和高兴。随后太子又吃了扁鹊给配的药，身体很快就恢复健康了。

这一消息传开后，扁鹊的名气就更大了，人人都夸扁鹊能把死人医活，扁鹊却说："我哪能医活死人，那是因为他没有真的死呀！"

前倨后恭

【书证】

《战国策·秦策》："苏秦曰：'嫂何前倨而后卑也？'"

《史记·苏秦列传》："苏秦笑谓其嫂曰：'何前倨而后恭也？'"

【解释】

原意为先傲慢，后恭敬，前后的态度完全不同。形容人势利眼。

【故事】

战国时期，洛阳有个策士名叫苏秦。他来到秦国，连续给秦王上了十次书，竭力宣传他的"连横"的主张，劝秦国一步一步吞并其他六国。可是秦惠王觉得吞并六国的时机未到，所以就没有理睬苏秦。苏秦见秦王不用他，也没有办法，而且旅费已经用光，衣服也破旧不堪，只得垂头丧气地回到洛阳老家。

家里的人见苏秦那副狼狈样，都不理他。父母不跟他讲话，妻子只顾织布，也不看他一眼。他求嫂子给她弄点饭吃，他嫂子不但不给做，还狠狠地奚落他一顿。苏秦很难过，暗下决心，要发奋苦读，一定要出人头地。于是，他日夜用功，研究兵法，有时困得不行，就用锥子猛刺大腿，一疼就清醒了，再继续读书。

后来苏秦又去各国游说，宣传"合纵"的道理。先说服了燕、赵两国，而后又逐步使燕、赵、齐、楚、韩、魏六国合成以楚国为首的同盟，共同对付秦国。苏秦这时身兼六国的相国，佩带六国相印，并担任了"纵约长"。有一次，苏秦路过洛阳，周天子特命人打扫街道派大臣出门迎接。苏秦父母也拄着拐杖，在30里外的大路口等候。他的妻子不敢看他，他的嫂子更是趴在地上连连磕头。苏秦笑道："嫂子为什么要前倨后恭呢？"嫂子答道："因为叔叔做了大官，发了大财呀！"苏秦不胜感慨道："贫穷则父母不以为子，富贵则亲戚畏惧，难怪人们要看重权势利禄了。"

巧取豪夺

【书证】

《清波杂志·王右军帖》："老米酷嗜书画，尝从人借古画，自临搨，搨竟，并与真赝本归之，俾自择而莫辨也。巧偷豪夺，故所得为多。"

【解释】

巧取：用计谋骗取。豪夺：强硬取得。指谋取他人珍贵财物的手段。后又用来形容使用手段骗取或使用暴力强夺财物或权力。

【故事】

宋朝时期有一位著名的书画家，名叫米芾，也叫米南宫。因为生性放荡不羁，经常装疯卖傻，人们就叫他"米癫"。米芾的书法极好，与当时有名的书法家苏轼、蔡襄、黄庭坚合称"四大家"。他的山水画、人物画都自成风格，尤其是山水画，更是独具一格，被誉为"米家山"。

米芾喜欢收藏古代名贵的书画，但却常常以欺骗、耍无赖来达到目的。每当他打听到谁家有古画，就千方百计地借出来，说是观赏，其实是临摹下来。他可以临摹得和原作一模一样，然后把临摹品归还人家，把真迹留下来。甚至，有时他还把临摹品和原作同时拿给原主挑选，而原主往往上了当，误选了他的临摹品。有一次，蔡攸在船上见到了米芾，就请他看自己收藏的晋代书法家王羲之的真迹。他一看就不肯放手，想拿画和蔡攸交换，蔡攸不肯，他就百般纠缠，最后竟拿投河自尽来威胁，蔡攸无奈，只得答应。

后人把米芾这种欺骗讹诈的手段叫做"巧取豪夺"。

犬牙交错

【书证】

《汉书·景十三王传·中山靖王传》："诸侯王自以骨肉之亲，先帝所以广封连城，犬牙相错者，为盘石宗也。"

【解释】

"犬牙相错"原作"犬牙互制"，指地界交接，形势如同狗牙一样，参差不齐。后人多将"犬牙相错"说成"犬牙交错"，形容交界线错综曲折不整齐，也比喻局面或关系的情况复杂，多用来泛指各种因素相互牵连，交杂在一起。

【故事】

西汉时期，汉高祖刘邦建立汉朝后为了巩固政权，首先废除了秦朝苛刻的政治制度，安定老百姓的生活。其次，就是消灭了那些异姓的诸侯王，重新封了许多刘姓子弟为王，代代相传。汉高祖自以为，这样一来就可永保刘氏的江山。

谁知，刚传到第四代汉景帝，这些刘姓王的势力已经开始强大起来。他们一个个野心勃勃，想凭借自己的实力，与中央王朝抗衡，对皇帝的指令假意应付，或不理会。有的甚至暗暗谋划夺取皇位，过过做皇帝的瘾头。

有个叫晁错的御史大夫，看出情况不对，立即上奏景帝，要他采取措施，削弱这些诸侯王的势力，逐渐收回给他们的封地，以巩固汉朝的中央政权。

那些诸侯王本来就想篡夺皇位，如今听说皇帝要采取措施，便立即互相勾结。当时，以刘濞为首，七个诸侯王联合起来，以"诛晁错，清君侧"为借口，发动叛乱。

幸亏汉景帝的大将周亚夫英勇多智，切断了他们的后方粮草，才使他们不得不撤兵，总算平息了这次叛乱。可景帝并未吸取教训，又分封属地给自己 13 个儿子，各为诸侯王。

这样，等到景帝的儿子汉武帝即位后，这些诸侯王的势力又逐渐强大起来。

鉴于七王叛乱的历史教训，汉武帝决定限制这些诸侯王的势力。诸侯王得到了消息后，非常紧张，就急忙去恳求武帝，说："皇上，我们与您是至亲骨肉啊！先王分封给我们的大片土地，像狗的牙齿那样上下交错，彼此嵌入，就是为了我们可以彼此支援，互相牵制，让我刘氏的江山坚如磐石啊！你要收回我们的封地，那不是有负于先王的意思吗？”汉武帝听了，一时倒也说不出话来，他当面安慰了他们，暗中采用手段，下令让诸侯王把封地分赐给自己的子弟。这样，原来十几个大的诸侯国分成了许多小的诸侯国，削弱了割据势力，巩固了中央集权。

忍辱负重

【书证】

《三国志·吴书·陆逊传》：“国家所以屈诸君使相承望者，以仆有尺寸可称，能忍辱负重故也。”

【解释】

指能够忍受一时的屈辱，承担起重任。带有赞扬的意思。

【故事】

三国争霸时期，蜀主刘备为了从东吴孙权手中夺回战略要地荆州（今湖北江陵），为结拜兄弟关羽报仇，不顾将军赵云等人的反对，亲自率领部队攻打东吴。东吴孙权派人求和，刘备拒绝。于是孙权任命年仅38岁的陆逊为大都督，率领5万兵马前往迎敌。

战争开始，刘备的军队水陆并进，接连取得胜利，一直攻到夷陵（今湖北宜昌东南），在长江南岸六七百里的山地上，设置了几十处兵营，声势十分浩大。陆逊见蜀军士气高涨，又占据有利地形，便坚守阵地，不与交锋。当时，东吴的一支军队在夷道（今湖北宜昌西北）被蜀军包围，要求陆逊增援。陆逊不肯出兵，并对众将说：“夷道城池坚固，粮草充足，等我的计谋实现，那里自然解围。”

陆逊手下的将领见主将既不攻击蜀军，又不增援夷道，以为他胆小怕战，都很气愤。众将领中有的是跟随孙权征战多年的老将，有的是皇亲国戚，他们都很傲慢，对年轻的书生陆逊当上大都督，很不服气，甚至不听从陆逊的指挥。于是陆逊召集众将议事，手按宝剑高声说：“刘备天下知名，连曹操都畏惧他。现在他率大军攻关，是我们的劲敌，决不可轻视他。希望诸位将军以大局为重，同心协力，共同消灭来犯敌人，上报国恩。我虽然是个书生，但主上任我为大都督，统帅军队，我将恪尽职守。主上之所以委屈诸位将军听从我的调遣，就是因为我还有一点微薄的能力，能够忍受委屈，担负重任的缘故。今后，希望你们各负其责，不容推辞，军令如山，违者要按军法从事，大家切勿违反！”陆逊这一席话，把众将领都镇住了，从此再也不敢不听从他的命令。

陆逊打定主意坚守不战，时间长达七八个月，直到蜀军疲惫不堪，他趁机利用顺风火攻，大破蜀军，歼灭数万人，取得夷陵之战的重大胜利。刘备逃回白帝城，不久病死。从此，东吴诸将十分佩服陆逊的才能。

如火如荼

【书证】

《国语·吴语》：“万人以为方阵，皆白裳、白旂、素甲、白羽之矰，望之如荼……左军亦如之，皆赤裳、赤旟、丹甲、朱羽之矰，望之如火。右军亦如之，皆玄裳、玄旗、黑甲、乌羽之矰，望之如墨。”

【解释】

“如火如荼”原作“如荼如火”，形容军容盛大。后世多作“如火如荼”，原意为像火一样红，像茅草的白花一样白，形容军容整肃，士气高涨。现在常用来比喻气势旺盛，气氛热烈。

【故事】

春秋时代后期，吴国国力逐渐强盛，吴王夫差想当中原霸主，于是，在公元前482年，夫差亲自率领大军来到卫国的黄池(今河南封丘西南)，约天下诸侯前来会盟，要大家推他为盟主。为了显示吴国的实力，夫差在一夜之间把带来的3万军队分成左、中、右三路，每一路百行，每一行百人，各摆成3个方阵。他亲自高举斧钺，以熊虎为旗号，指挥中军前进。中军1万将士，全都身穿白色战袍，披上白色铠甲，打着白色旗帜，插白色箭翎，好像整整齐齐的一片白花；左军1万将士，一律身穿红色战袍，披上红色铠甲，打着红色旗帜，插红色箭翎，望去好像一片通红的火光；右军1万将士，一律身穿黑色战袍，披黑色铠甲，打着黑色旗帜，插黑色箭翎，望去只见一片乌黑。

三路大军，开到会盟地点附近，摆开了威风凛凛的阵势。天刚蒙蒙亮，吴王升帐，亲自在中军擂起战鼓，一时间，3 万人一齐大声呐喊，那声音简直像天崩地裂一样，震撼了到会的各国诸侯。

吴军军容如此盛大，军威如此整肃，各国诸侯都不敢和夫差相争，不得不承认吴国为盟主，尊夫差为霸主。

成语“如火如荼”就是由这个故事引申而来。

如鱼得水

【书证】

《三国志·蜀书·诸葛亮传》：“于是与亮情好日密。关羽、张飞等不悦。先主解之曰：‘孤之有孔明，犹鱼之有水也。愿诸君勿复言。’羽、飞乃止。”

【解释】

原意是就如鱼儿得到了水一样。比喻得到了与自己情投意合的人或很适合于自己的环境。

【故事】

诸葛亮，字孔明，阳都（今山东）人，是三国时的大政治家和大军事家。刘备，字玄德，涿县（今河北）人，是蜀国之主。东汉末年，天下大乱，豪杰纷起，群雄争霸，刘备为实现自己统一天下的宏愿，多方搜罗人才，特意拜访隐居在隆中卧龙岗的诸葛亮，请他出山。他连去了两次都未见着，第三次才见到了诸葛亮。刘备非常诚恳地说明了来意，畅谈了自己的宏图大志。诸葛亮也推心置腹，给刘备分析了当时的形势，提出了夺取荆州、益州，与西南少数民族和好，东联孙权，北抗曹操的战略方针，预言天下今后必将成为蜀、魏、吴三足鼎立的局面。刘备听后大喜，于是拜诸葛亮为军师。

诸葛亮竭力辅佐刘备，而刘备对诸葛亮的信任和重用，却引起了刘备结义兄弟关羽、张飞等将领的不悦。他们不时在刘备面前，表现出不满的神色。秉性耿直的张飞，更是满腹牢骚。刘备便耐心地向他们作了解释，他形象地把自己比做鱼，把诸葛亮比做水，诸葛亮的才识与胆略，是自己完成夺取天下大业的必备条件。他说："刘备有了孔明，就好像鱼儿得到了水一样，希望大家不要再多说了。"这样，才制止了关羽、张飞等人对诸葛亮的议论和不满。后来，刘备在诸葛亮的辅佐下攻占荆州、益州，在军事上不断取得胜利，势力不断扩大，最终与魏、吴形成了三足鼎立之势。随着一个个胜利的取得，众将领对诸葛亮也心服口服了。

入木三分

【书证】

唐·张怀瓘《书断·王羲之》："晋帝祭北郊，王羲之书祝版，工人削之，笔入木三分。"

【解释】

原指笔力深入木板三分。形容书法笔力雄健，也比喻见解、议论十分深刻、恰切。

【故事】

王羲之，字逸少，晋朝时会稽（今浙江绍兴）人。他是我国历史上著名的书法家，因为他曾经做过右军将领，所以，后人又称他为"王右军"。

王羲之的书法，可以称得上冠绝古今，他的字秀丽中透着苍劲，柔和中带着刚强，后代的许多书法家，都以他的字作范本。现今在他留下来的书帖中最著名的有《兰亭集序》《黄庭经》等。

王羲之的字写得这样好，固然与他的天资有关系，但最重要的还是由于他的刻苦练习。他为了把字练好，无论休息还是走路，心里总是想着字的间架结构，揣摩写字的奥妙，而且不停地用手指头在衣襟上比划着。所以时间久了，把胸前的衣襟都划破了。他练字的时候，几乎忘掉了周围的一切。有一次，他竟然用馒头蘸着墨汁（他以为是蒜酱）吃得满嘴墨黑，嘴里还不停地喊着："好香！好香！"

他曾经在池塘边练字，每次写完，就在池塘里洗涤笔砚。时间一久，整个池塘的水都变黑了。由此我们可以知道，他在练习书法上所下工夫之深了。

王羲之非常爱鹅，常常模仿鹅掌划水的动作来锻炼自己的手腕，使手腕更强劲而且灵活。

有一次，他路过一个道观，看到一群鹅非常可爱，便要求道士卖给他。观里的道士早就钦慕他的书法，便请他写部《黄庭经》作为交换。王羲之实在太喜欢那些鹅了，便同意了。于是王羲之给观里写了部《黄庭经》，道士便把那些鹅都送给了他。

还有一次，当时的皇帝要到北郊区祭祀，让王羲之把祝词写在一块木板上，再派人工人雕刻。雕刻的工人在雕刻时非常惊奇地奇观，王羲之写的字，笔力竟然渗入木头三分深。雕刻工人赞叹地说："右军将军的字，真是入木三分呀！"

塞翁失马

【书证】

《淮南子·人间训》："近塞上之人，有善术者，马无故亡而入胡，人皆吊之，其父曰：'此何遽不为福乎！'居数月，其马将胡骏马而归。"

【解释】

比喻虽然暂时受到损失，从长远考虑，或许得到好处。也指坏事可以变成好事。

【故事】

从前，长城边上也叫"塞上"，那里住着父子二人。有一天，他们养的一匹马忽然跑到长城外面去了。附近的邻居都替他们惋惜，怕他们因此烦恼，都来安慰他们。谁知，这家的老父亲却不在乎，他说："怎知道不会成为一件好事呢？"哪料到没过多久，那匹马又自己跑回来了，而且还带回了一匹塞外匈奴的骏马。邻居们又来道喜庆贺，但老父亲却说："怎知道这不会变成一件坏事呢？"过了几天，他的儿子因为骑那匹骏马，一不小心从马上掉了下来，把腿摔骨折了。邻居们又纷纷赶来表示慰问，可是他的老父亲，不但不悲伤，反而说道："怎知道这不会成为一件好事呢？"

后来，匈奴兵大举入侵，所有的青壮年全被强征入伍。结果，大部分人都战死了，许多人因而妻离子散，家破人亡。而他家却因为儿子是跛脚，没有被拉去当兵打仗，父子二人得以保平安。

三顾茅庐

【书证】

《三国志·蜀书·诸葛亮传》："先帝不以臣卑鄙，猥自枉屈，三顾臣于草庐之中。"

元代马致远《荐福碑》一："我住着半间儿草舍，再谁承望三顾茅庐。"

【解释】

东汉末年，刘备曾亲自三次去诸葛亮隐居的茅屋中邀请他出来帮助自己。比喻真心实意地邀请别人。

【故事】

东汉末年，刘备被曹操所追杀，不得已投奔了荆州刘表。刘备为了日后能成就大业，就留心访求人才。经谋士徐庶的推荐，得知"伏龙"诸葛亮是极有才能的人。刘备求贤若渴，便亲自去请诸葛亮出山。诸葛亮当时隐居在湖北襄阳西北的隆中，隆中有座高冈叫"卧龙冈"。他住茅庐草屋，耕作自劳，精研史书。诸葛亮胸怀大志，常把自己比作管仲、乐毅，是卧在地上随时准备腾空而起的龙，故称为"卧龙先生"。

刘备曾前后三次专程拜访他。头两次，诸葛亮避而不见，借故不在家。等刘备第三次去时，正值诸葛亮在睡觉，刘备不便去惊扰，便恭敬地站在草屋外等候。诸葛亮醒来，见刘备如此诚心，就亲自出迎。他在草屋中和刘备共同探讨当前的时局，分析形势，并提出了夺取政权、统一天下的方略。刘备大为叹服，愿以诸葛亮为师，请他出山相助，重兴汉室，共图大业。诸葛亮深为刘备的礼贤下士所打动，欣然答应了刘备的请求。

从此，诸葛亮用自己的智慧和才能辅佐刘备。诸葛亮设定了许多计谋，打了很多胜仗，奠定了蜀汉的国基，形成了魏、蜀、吴三国鼎立的局势。

三令五申

【书证】

《史记·孙子吴起列传》:“约束既布,乃设铁钺,即三令五申之。”

汉代张衡《东京赋》:“三令五申,示戮斩牲。”

【解释】

形容三番五次地命令和告诫。

【故事】

春秋末年,有一位著名的军事家,名叫孙武,又叫孙子,是齐国人,《孙子兵法》就是他的著作。吴王阖闾读了孙武的兵法很是钦佩,想当面试一试,就向孙武问道:“先生写的兵书,我已读过,很好。但你能不能用宫中的女子来操练一下呢?”孙武答道:“可以。”

于是,吴王把宫里的宫女全部集合起来,交给孙武指挥,他自己在台上观看孙武是如何训练女兵的。孙武把这些宫女分成两队,叫吴王的两个贵妃担任队长。孙武先把前后左右的方向告诉她们,要她们听口令行动,并且郑重地宣布:“谁要不听口令,要以军法处置。”命人摆下执行军法用的刀斧。宫女们都觉得很好玩,穿着军衣,拿起戟,当孙武击鼓发号令后,谁知,她们却七扭八歪、嘻嘻哈哈地笑起来。孙武严肃地说:“号令讲得不清楚,动作讲得不明白,所以你们操练不好,这不怪你们,是我这个做主将的责任。”说完,他又把号令和动作反复讲了几遍。然后,孙武又击鼓传令了,可是这些宫女们仍然队形不齐,乱七八糟,还是“咯咯”地嬉笑不停。孙武严厉地说:“既然号令已经讲清楚,动作已经讲明白,你们还做不好,那就是你们的责任了,依军法,队长应受军法处分。”说完,便下令将两个队长斩首示众。

吴王一见要斩自己两个心爱的妃子,连忙派人传令求情。孙武却说:“我既已受命为将,将在外,君命有所不受!”仍然将那两个队长一同斩首,又另派两名任队长,继续操练。这时,孙武再发口令,没有一个人敢违抗命令,全部认真按照口令整齐地操练。

虽然吴王很心疼他的爱妃,有些不满,但当他看到这些娇气十足的宫女被孙武训练得服服帖帖的时候,认为孙武确实有用兵的才能，便任命他为大将，并尊为军师。

三迁之教

【书证】

赵岐《孟子题辞》："孟子生有淑质，夙丧其父，幼被慈母三迁之教。"

【解释】

形容父母为了让子女成才，选择对子女有益的环境。

【故事】

战国时期，儒家学派著名的代表人物孟子，名轲，邹国（今山东邹县）人。他原是鲁国贵族孟孙氏的后代，后来家道中落，父亲在他三岁时就去世了，母亲含辛茹苦地把他抚养成人。孟母为了把他培养成为有用之才，非常重视对他的教育。

孟子上小学时，他家住在一个墓地附近，经常有出殡、送葬的队伍从他家门前走过，孟子看见人家哭哭啼啼埋葬死人，他也学着玩。孟母对儿子这样的玩耍很生气，认为住在这里不合适，便把家搬到街市。孟子看见街市上各种小贩卖东西，十分热闹好玩。于是他和小伙伴们玩起做买卖的游戏，孟母觉得在这种地方住，孩子难以集中精力读书，便再次搬到城东的学堂附近居住。果然，学堂那里的环境不一样，经常有琅琅的读书声，学习气氛十分浓厚。孟子也就跟着学堂里学子的样子，学习礼节和要求上进了。孟母心里很高兴，说："这里才是适合我的孩子居住的地方！"不久，孟母把孟子送进了学堂。由于孟子努力学习，刻苦钻研，终于成为一个思想家与政治家。

后来，"孟母三迁"成了家喻户晓的故事，"三迁之教"也变成了一则成语。

三十六计，走为上计

【书证】

《南齐书·王敬则传》："檀公三十六策，走是上计，汝父子唯应急走耳。"

《水浒传》第二回："我儿'三十六着，走为上着'，只恐没处走。"

【解释】

原指与敌人交战，无力取胜时，以避开为上策。后指事情已难以挽回，只好一走了事。

【故事】

南北朝时期，宋武帝刘裕的开国将领檀道济，在领兵攻伐前秦时，建立了卓越的功勋，所以宋文帝刘义隆即位后，便封檀道济为"武陵郡公"，并任命为征南大将军。

檀道济在征讨北魏的战争中，统帅大军和北魏打过30多次仗，连连获胜。宋军曾经攻到历城（今山东）一带，因为后方军粮接济不上，才不得不准备退兵。当时，宋军中有一些士兵投降了北魏，竟把军中缺粮及准备撤兵的情况告诉了魏军，还建议趁撤军之机包抄宋军。魏军为了保险起见，先派密探到宋军军营去侦察。檀道济早料到敌人会有这一招，便叫人把沙子灌进口袋里顶粮食，然后故意叫管军粮的人在半夜里点数军粮。而且一边数，一边唱：一斗、两斗……五十石……一百石……檀道济叫人把装沙子的口袋高高地堆积起来，再把少量的米撒露在上面。魏军的密探把看见的情况跑回去作了报告，魏军以为宋军的粮食有很多，认为那些投降的人是假投降的间谍，魏王就下令把他们全部处死了。就这样，魏军一直不敢追击，檀道济凭着才智，率领宋军安全撤回了。

"三十六计，走为上计"这则成语就是从这个故事引申而来。

杀鸡取卵

【书证】

吕振羽《简明中国通史》:“五代的统治者便不惜用杀鸡取卵的办法去压榨人民,藩镇和地方官吏,都相率对人民肆行剥削。”

【解释】

比喻为了贪图眼前的小利而损害长远利益,也比喻贪得无厌的人不择手段追求暴利。

【故事】

在古代希腊,流传着这样一个故事:

有一个贪婪的人,家里喂养着一只母鸡。他每天拿鸡下的蛋去卖钱。然而卖鸡蛋的钱毕竟有限,不够他花销,所以他整天苦思冥想,妄想能有一天发大财。

一天清晨,他照例去鸡窝摸鸡蛋。他将母鸡刚下的鸡蛋托在手上,“嗬,鸡蛋怎么这样黄呀?”原来这枚鸡蛋与别的蛋不同,它的蛋皮是金黄色的,还有一点发亮。他突然放声大笑:“哈哈,这是金蛋呀!我发财的时运到了,这鸡肚子里一定有很多金蛋,不然怎么会下金蛋呢!”

他回屋拿起尖刀,一刀将母鸡杀死,剖开鸡肚子,又小心翼翼地切开鸡肠,甚至把鸡血管也翻腾了一遍,然而什么东西也没有发现,不用说金蛋,就是铁蛋也没有一个!他失望了。他倚在门框上悲哀地自言自语说:“全完了!连一只下蛋的母鸡也没了!贪得无厌就会失去一切。”

少见多怪

【书证】

汉代牟融《理惑论》:“少所见,多所怪;睹驼驼,言马肿背。”

【解释】

原意指见识少的人遇到一些事,总觉得很新奇。比喻缺乏常识的人,即使遇到最普通的事情都要大惊小怪。

【故事】

在很久很久以前，有一个人，虽然他见过的东西不多，但他自视很有知识，知道的东西很多。因此，他自以为了不起。

有一天，他正在街上闲逛，忽然看见了一头牲畜，背上还长着好大的两个肉包，他感到非常惊奇。因为他从来没有见过骆驼，甚至连骆驼的名字也没有听说过。他所见到的只是一些马牛羊鸡猪狗之类的动物而已。他想了想，这不是马吗？噢，对，一定是这样，这匹马是背得了病，肿起了两个大脓包来。他非常满意自己的推断，觉得自己真是聪明极了。他也不问问别人，就马上喊起来："大家快来看啊，快来看啊，这里有一匹马，它有病了，背上肿起了两个大脓包。"随着他的喊声，众人都围了过来，看到"背肿包的马"，大家都笑了，有人对他说："你快别瞎喊了，那是一头骆驼，它的背上那是驼峰，怎么说是背肿包的马呢？"这个人听了羞得简直无地自容。

"少见多怪"这个成语就是从这个故事引申来的。

甚嚣尘上

【书证】

《左传·成公十六年》："楚子登巢车以望晋军，子重使太宰伯州犁侍于王后。王曰：'将发命也，甚嚣，且尘上矣。'"

【解释】

甚嚣：十分喧闹。尘上：尘土飞扬。原指人声喧闹，尘土飞扬。后用来形容议论纷纷或反动言论十分嚣张。

【故事】

春秋时，楚国和晋国在鄢陵摆开阵势，准备大战一场。战斗开始之前，楚王和太宰伯州犁登上战车，观察晋军的情况。

楚王指着敌营问伯州犁："晋国军队中那几个骑马的跑来跑去，他们在干什么啊？"伯州犁说："他们在召集各军将领。"楚王说："你看，有不少人汇集在一起了！"伯州犁说："他们开始商议作战方案了。"楚王又指着敌营的一顶大帐篷说:“他们怎么支起帐篷来了?”“那是要祭祀祖先,祈祷胜利。过后就要发布命令了。”楚王听到对面隆隆的喧闹声,又看到尘土飞扬,问道:“甚嚣,且尘上矣,这是为何?”伯州犁说:“这是在填井平灶,准备打仗了。”

从楚王和伯州犁所见到的这些情况来看,晋军指挥有方,行动有序,战斗打响后猛不可挡。结果也正是这样,这场战斗中,楚军大败。

升堂入室

【书证】

《论语·先进》:“子曰:‘由之瑟奚为于丘之门!’门人不敬子路。子曰:‘由也升堂矣,未入于室也。’”

【解释】

堂:古代房舍的前屋。升堂比喻刚刚入门,入室比喻更高境界。原意是指学习所达到的境地有程度深浅之别。现在一般用来赞扬人在研究学问或钻研技术方面已深得老师的传授。

【故事】

我国古代伟大的思想家、政治家和教育家孔子,在四十多年的办学中,共招收了三千多名弟子,其中著名的弟子有72人。子路便是72名弟子中的一个。

子路,名仲由,春秋时卞地人。他为人耿直,敢说敢为,常与他人争斗。平时喜欢戴一顶像雄鸡一样的帽子,衣服上佩戴着野猪样式的标志,以此表示自己的勇敢。他很直率,好生事,入学前还跟孔子捣乱过。他向孔子表示,我像一根笔直的竹竿,生来可做一支好箭,还读书干什么。孔子开导他说,读了书就有了学问,好比在箭尾部装上羽毛,前面又安上锋利的金属头,这样箭就更有用了。子路听了,觉得孔子说得很有理,便拜孔子为师,但他的年纪只比孔子小9岁,有时他还欺负孔子。不过孔子了解他的性格,也不放在心上。

有一次,子路问孔子说:“有道德的人也崇尚勇武吗?”孔子回答说:“仁义是最重要的。有道德的人崇尚勇武就会失去仁义,没有道德的人崇尚勇武就会去抢劫别人的财物。”

又有一次，子路在孔子家里弹瑟。他人很刚勇，弹出的声音也像打仗一样充满着杀气。孔子是主张"仁"和"中庸之道"的，自然觉得这声音不祥和，不满意地说："你为什么要在我家弹瑟呢？"孔子的弟子听了老师这话，琢磨出这是老师对子路弹瑟不满意，所以对子路的看法顿时有了改变，语言中有些不尊敬。

孔子发现学生们这一情绪后，就对大家解释说："子路弹瑟的本领已经登上厅堂，但尚未进入内室。他已经有了一定的成就，只是没有达到高深的境地。另外，子路还有许多长处。比如，让他和衣着华贵坐着漂亮马车的人在一起，他不会因为自己穿得破烂而感到羞愧、耻辱。如果让他治理一个中等国家，虽然他不讲仁义道德，但却可以把税赋管理好。他来到我这里学习，也学到了不少东西，但还没有真正学习到一个读书人应该学习的知识。"

弟子们听了孔子的解释，才知道子路在音乐方面已有了相当的水平，而且在其他方面，连老师也给予了相当的肯定，便改变了对他的态度，不敢不尊敬他了。

生吞活剥

【书证】

唐代刘肃《大唐新语·谐谑》："有枣强尉张怀庆好偷名士文章……人为之谚曰：'活剥王昌龄，生吞郭正一。'"

【解释】

比喻生硬地搬用或抄袭别人的言论或文章。现多比喻学习别人的东西不能消化吸收，只知生硬地接收或机械地搬用。

【故事】

唐初，有一位枣强县吏，名叫张怀庆。他不学无术，经常抄袭名士的诗文，冒充雅士，有时把一些诗改头换面一番，冒充自己的作品，然后毫不知耻地把它展示出来给人家看。有一次，朝中大臣李义府写了一首五言诗：

"镂月为歌扇，裁云作舞衣。

自怜回雪影，好取洛川归。"

张怀庆读了这首诗，竟把这首诗

整篇照抄下来，在每句前面加两个字，把五言改成了七言，就成了自己创作的诗了：

"生情镂月为歌扇，出性裁云作舞衣。

照鉴自怜回雪影，来时好取洛川归。"

原诗寓意清晰，文字精练，经张怀庆每句添加两个字后，文理不通，读起来也很别扭。但张怀庆还洋洋得意，亲笔缮写后四处赠人，人们读了张怀庆这首诗，无不哗然大笑，更有人讥讽他是"活剥王昌龄，生吞郭正一！"

声东击西

【书证】

唐·杜佑《通典·一五三·兵典六》："声言击东，其实击西。"

【解释】

嘴里喊着、表面上装着攻打东边，实际上却攻打西方。形容一种制造假象以迷惑对手的出奇制胜的战术。

【故事】

秦朝灭亡以后，汉王刘邦和西楚霸王项羽为争夺天下展开了长期的战争。有一年的夏天，刘邦在彭城被项羽的楚军杀得大败，汉军许多将领也投降了。本来已经归顺刘邦的魏王豹，这时看到楚军的势力强大，便借口回去看望生病的亲人，离开刘邦，到达河关后，就与项羽和好，宣布反汉。

魏王豹投降项羽，这件事对刘邦在军事上造成极大的威胁，有被他们左右夹击的危险。刘邦派郦生去说服魏王豹，动员他重新回到汉军来，可是他哪里肯呢？没有办法，刘邦只好派韩信为左丞相，带兵讨伐魏王豹。

魏王豹得知汉军要来进攻的消息，就任命柏直为大将，统率兵马扼守在黄河东岸的蒲坂，封锁了黄河渡口临晋津(今山西永济县西)，阻止汉军渡河。柏直还命令部下，把老百姓的船只全部划走，不许民船下河，派重兵把蒲坂防守得十分严密，自以为汉军就是插上翅膀，也难以飞过黄河，魏王豹可以高枕无忧了。

韩信带领汉军来到黄河岸边，看到蒲坂地势险要，柏直又有重兵坚守，知道从这里硬攻很难获胜。经过反复考虑，他想出一个“声东击西”的战术。他将军营扎在蒲坂对岸，在军营四周插上旗帜，又弄来一些船只。白天让士兵操练、呐喊，夜里掌灯举火，调兵遣将，做出要从这里强渡黄河的架势。背地里他却让手下将领曹参带着汉军主力偷偷向北移动，选择了夏阳（今陕西韩城县南）作为偷渡黄河的据点。

魏军看到黄河对岸的汉军，调动繁忙，喊杀震天，以为韩信真要从蒲坂渡河。柏直乐得拍手大笑：“韩信之辈真是一伙笨蛋，我这里坚如磐石，固若金汤；再加上黄河水深流急，休想渡过河来！”于是他便放心睡觉去了。

夏阳地处偏僻，没有渡船，所以魏军就疏于防备，汉军主力开到夏阳以后，韩信便命令士兵到处收集木桶。把几个木桶连在一起，上面拴上木排，倒扣在水面上，就成了渡筏。汉军乘着这些渡筏，偷渡到对岸。因为魏军在那里没有派兵防守，所以汉军顺利地渡过黄河，以迅雷不及掩耳之势，攻打魏军后方要地安邑。魏王豹毫无准备，慌忙领兵迎战，结果惨败，他自己也被汉军活捉了。

盛气凌人

【书证】

《战国策·赵策》：“左师触詟愿见，太后盛气而胥之。”

【解释】

“盛气凌人”原作“仗气凌人”，指意气用事而使人难堪。后世多作“盛气凌人”，形容在别人面前表现出自高自大，骄横而气势逼人的样子。

【故事】

战国时代，赵国赵太后执政，秦国趁此机会派兵攻打赵国。赵国向齐国求援，齐国提出要赵太后的小儿子长安君去做人质，才肯出兵。赵太后非常疼爱小儿子长安君，不肯把他送到齐国去。任凭大臣们如何劝谏，太后始终不答应。最后她对左右说：“今后若再有人来劝我，我定要吐他一脸口水。”老臣触詟来见太后。太后想，一定又是来劝我的，心中厌恶，脸上露出怒气，表现出一副不可一世的样子，等着他来了发泄心中的怨恨。但触詟进来后，先是表示因年老体衰，未能多来看望太后而深感歉意，而后又拉起了家常，太后以为他是来看望她的，情绪也缓和了下来。

触詟见此情景，便向太后说出了一件心事。他请求太后把他自己15岁的小儿子舒祺安排在王宫卫队，因为他喜欢小儿子，怎奈自己老了，此事就托请太后照顾。

赵太后见这位老臣为小儿子的事如此恳切，便问道："你们男人家也喜欢自己的小儿子吗？""比女人更喜欢。"触詟回答。"女人们对小儿子才更喜欢呢！"赵太后不禁笑出声来。触詟趁机说："我觉得您更喜欢女儿，您对长安君的喜欢，比不上您对你女儿燕后的喜欢。""不，你弄错了，我更喜欢我小儿子长安君。"太后坦然地说。触詟觉得时机已经成熟，便转入正题，对赵太后说："您喜欢女儿，所以她嫁到了燕国，你祈祷上天，希望她不要回来，指望她生个儿子继承王位，您这是为她的长远利益考虑。但对长安君，尽管您使长安君身居高位，封给他肥美的土地，让他拥有很大的权力。但您却不给他为国立功的机会，一旦您离开人世，长安君如何在赵国立足呢？所以我认为您没有为长安君的长远利益着想，您爱他不如爱您的女儿。"触詟的一番议论使太后幡然醒悟，欣然同意了大臣们的意见，让长安君去齐国做人质了。齐国很快发兵救赵。秦国听说齐国发兵，便撤军回国了。

失之毫厘，谬以千里

【书证】

《资治通鉴·汉记》："失此二策，羌人致敢为逆，失之毫厘，差以千里，是既然矣。"

【解释】

原意是指相差一点点，结果会造成很大错误或损失。常用来讽刺那些学习或办事马虎的人。

【故事】

赵充国是西汉时候汉宣帝当政时的一员老将，在平定边境叛乱的战争中屡建战功。有一年，他奉汉宣帝的命令去西北地区平定叛乱。到了那儿，赵充国一看形势，知道叛军的力量虽然较大，但军心不齐。于是，他就决定采取招抚的办法，避免士兵遭受重大伤亡。经过他的努力，果然有1万多叛军前来投诚。赵充国便打算撤回骑兵，只留一小部分部队开垦土地，等待叛军全部归顺。

可是还未等到他把情况上报皇帝，皇帝却已下达了限时全面攻击叛军的命令。经过再三考虑，赵充国决定还是按照自己原来的打算去做招抚叛军的工作。

这时，赵充国的儿子赵卯听到这个消息，连忙派人劝他父亲说："领兵杀敌，破阵攻城，是将军的职责，既然皇帝叫你出兵你就出兵好了，还和皇帝争论什么？一旦不合皇帝的心意，派来御史办您的罪，自身就很难保住。那时候还谈什么国家的安危呢！"

事实也确实如此。赵充国曾向皇帝建议，让酒泉太守辛武贤去驻守西北边境，但皇帝却采纳了丞相、御史们的建议，派了不懂军事的义渠安国带兵，结果被匈奴人杀得大败。

还有一次，金城、湟中粮食大丰收，谷子的价钱很便宜。赵充国向皇帝建议：收购300万石谷子存起来，那么边境上的那些人见到军队的粮食充裕，人心归顺，他们想叛变也不敢动了。可是后来耿忠丞只向皇帝申请买100万石，皇帝只批40万石，义渠安国又耗费了20万石。正由于做错了这两件事，才发生了这样大的动乱。

赵充国想到这些，深深地叹了口气说："真是'失之毫厘，差之千里'啊！如今战事未停，危机四伏，我一定要用生命来坚持我的正确主张，替皇帝扭转这个局面。我想，对明达的皇帝是可以讲真心话的。"于是赵充国把他撤兵、屯田的设想奏报皇帝，汉宣帝接受了他的主张，最后招抚了叛军，达到了安邦定国的目的。

食不甘味

【书证】

《战国策·楚策一》："楚王曰：'……寡人卧不安席，食不甘味，心摇摇如悬旌，而无所终薄。'"

【解释】

比喻心神不安或因为操劳忙碌，吃东西都不知道味道。

【故事】

战国时，各诸侯国出现了不少说

客，苏秦就是其中著名的一个。

苏秦起初用离间六国、各个击破的"连横"策略，去游说秦国的惠文王。他劝说惠文王的奏章先后上了10次，始终没有被采纳，只得离秦回家。到了家中，母亲责骂他，妻子不理他，嫂子不给他做饭吃，使他非常气恼，非要争口气不可。于是，他就"悬梁刺股"，日夜攻读。从此，苏秦学业大进，不仅精通兵法，而且对各国的情况了如指掌；并改变了政治主张，由原来的"连横"转变成"合纵"了。后来，他先到了赵国，有声有色地说服赵王采纳了他的"合纵"策略。赵王封他为武安君，授予相国印信，还给战车百辆，锦缎千匹，玉璧百双以及大量黄金，叫他带着去游说各国，建立"合纵"联盟，共同对付强横的秦国。

苏秦先后说服了韩、魏、齐国，又来到楚国游说威王。他首先向威王讲了一通楚国在各方面的有利条件，他说："楚国是天下的强国，楚王是天下的贤王。楚国的地理位置非常优越，方圆五千余里，带甲的兵百万之多，战车千乘，粮食足够吃上千年，这些都是当霸主的基础。以楚国这么大的疆域和大王这样的贤明，天下没有人能与之相比。如今楚国打算向西侍奉秦国，那么其他诸侯国也只能跟着向西侍奉秦国了。"

接着，苏秦又对比了楚、秦两国所处的形势，提出了楚国应采取的策略："秦国最害怕的就是楚国。楚国强了，秦国就弱；楚国弱了，秦国就强，双方势不两立。所以从大王的利益考虑，还不如与各诸侯国联合起来孤立秦国。如果大王能听我的话，我可以请东西的各诸侯国一年四季向大王进献礼物，各国的美人可以充满大王的后宫，各国的好马可以充实大王的马厩。所以，'合纵'成功能使楚国称王，而'连横'成功则使秦国称霸。我以为，大王也不会抛弃霸主的事业而心甘情愿地去侍奉人家吧。"

最后，苏秦又分析了秦国的本质，并作结论说："秦是虎狼之国，有吞并天下的野心，是天下的仇敌。'连横'成功了，各诸侯国都得割让土地去孝敬秦国，楚国也得割地给秦国。大王您想想，这两者的结果，可相差有十万八千里呢。为此，赵王命我前来向大王说明这些道理。"

苏秦的一番话说动了威王，他感慨万千地说："是啊，我们楚国的西面与秦国接壤，秦国一直想侵吞我的土地，秦国是虎狼之国，不可与它亲近。而韩国与魏国又受到秦的挟制，恐怕有人把消息透露给秦国，所以不能与他们共谋。我也估量到，光是我们楚国来抵挡秦国，未必能取胜。与各大臣商议，他们中没有足智多谋的人，依靠不了他们。为此，我一直在床席上睡不安稳，吃东西也吃不出味道来，心像悬挂的旗子一样摇晃不定，没有安定的时候。今天听了先生的话，觉得很有道理，我决定参加'合纵'。"

就这样，苏秦说服了赵、齐、楚、魏、韩、燕六国联合起来抗击秦国。苏秦因奔走六国有功，被封为"纵约长"，佩六国相印，管六国政事。

世外桃源

【书证】

晋代陶渊明《桃花源记》："晋太元中，武陵人捕鱼为业，缘溪行，忘路之远近，忽逢桃花林……自云先世避秦时乱，率妻子邑人，来此绝境，不复出焉，遂与外人间隔。"

【解释】

原意指一个与世隔绝、没有战乱和剥削压迫的理想社会。后来用于比喻一种空想的、脱离现实、逃避矛盾的幻想境界。

【故事】

晋朝孝武太元年间，湖南武陵有个打鱼的人。有一天，他划着小船，顺着溪流不知走了多远，来到了一片美丽的桃花林中。小船穿过桃花林，前面出现了一座山，在山下有一个小山洞，里面似乎还有光亮。渔夫很好奇，便走了进去。刚进洞时，里面又狭又窄，十分阴暗。可是，走了几十步后，道路忽然宽阔起来，眼前竟是另一个世界。那里有整齐的村舍，在肥沃的土地上，有各种各样的植物，男女老少都过着十分幸福的生活。那里的人见到渔夫，都很惊奇，他们十分热情地招待渔夫，并告诉渔夫，他们的祖先是为了逃避秦朝的战乱，才躲到这里的。他们与世隔绝多年，也不知道外边的情况。渔夫把朝代的变更告诉他们，他们听了都十分惊异。又住了几日，渔夫便从桃花源回来了。他把这次奇遇向太守报告，太守便派人和他一起沿原路去找，但怎么也找不着了。

势如破竹

【书证】

《晋书·杜预传》:“今兵威已振,譬如破竹,数节之后,皆迎刃而解,无复著手处也。”

宋代王楙《野客丛书·韩信之幸》:“其后以之取燕,以之拔齐,势如破竹。”

【解释】

原意指劈竹子,只要劈开头几节,整根就可以顺势直破到底。比喻乘势前进,节节胜利。

【故事】

西晋有一位著名的将领,名叫杜预。此人很有才学,起初,在晋武帝司马炎朝中任“度支尚书”,同僚们都称他“杜武库”。那时,晋武帝想吞并吴国,可大臣们都不同意,只有他的意见和晋武帝相同。晋武帝便派他作为“平东将军”,后调任为“镇南大将军”。

杜预率领大军南下攻伐吴国。战事进行得很顺利,出兵十来天,就占领了长江下游的各个城镇。吴军都督孙歆也被俘虏了。可这时候正是夏天,气候炎热,疾病很容易流行。再加上雨季,行军极不方便。朝中这时也议论纷纷,不少人认为,吴国立国已久,这么一个大国一下子是很难打垮的,不如暂停进军,等到冬天再说。杜预大不以为然,他认为,目前的形势如刀劈竹子一样,只要劈开头几节,剩下的便会迎刃而解了。于是晋军继续前进,果然节节胜利,很快就把吴国灭掉了。

手不释卷

【书证】

《三国志·吴书·吕蒙传》注引《江表传》:“光武当兵马之务,手不释卷。”

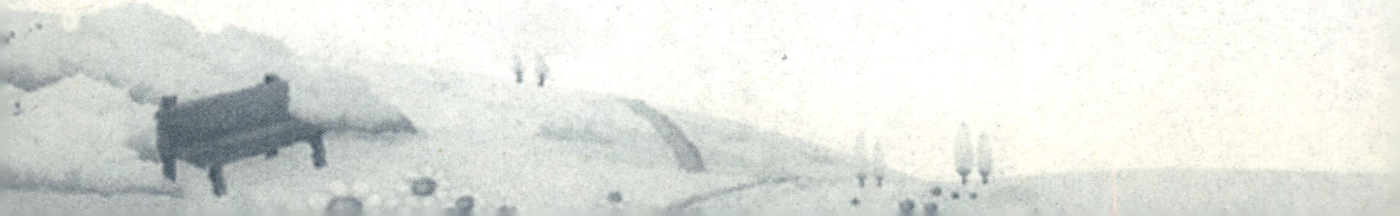

又《步骘传》:"赤乌九年,代陆逊为丞相,犹海育门生,手不释卷,被服居处有如儒生。"

【解释】

原指书不离手。形容刻苦读书。

【故事】

三国时代,东吴有一位大将名叫吕蒙。他很有才干,但行武出身,文化水平不高。

有一天,吴主孙权劝他多读点书,以增长见识和才干。吕蒙认为读书是文人的事,武将只要能打仗就行了。于是推托说:"军务太忙,没有空闲时间读书。"

孙权说:"你的事情总没有我的多吧?我在少年时就读过许多书,掌权以来又读了许多历史和兵书,得到的帮助真是太大了。你很聪明,如果多读一些书,尤其是多读些历史和兵书,那你一定会有很大的收获和成就的。"孙权又举例说:"汉光武帝在行军作战的空隙,手不释卷。曹操那么有本事,还老而好学,你为什么不自求上进呢?"

吕蒙听了很受触动,从此勤奋读书,坚持不懈,文化水平提高得很快,指挥打仗的本领也有了很大的增长。后来,在攻荆州的时候,活捉了刘备手下大将关羽,立下了大功。

守株待兔

【书证】

《韩非子·五蠹》:"宋人有耕者,田中有株,兔走触株,折颈而死。因释其耒而守株,冀复得兔。兔不可复得。而身为宋国笑。"

【解释】

原意为守着树桩等待兔子。比喻死守狭隘经验,存着侥幸心理,希望得到意外收获,坐享其成。

【故事】

古代宋国有一个农民,有一天,他正在地里耕作,忽然有一只兔子疾奔过来,一头就撞到地边的一棵大树的树根上,把脖子折断了,死在树下。那个农民就不费一分力气就得到一只死兔,心里十分高兴。他想:"既有这样的好事,兔子会自己跑来送死,那我何必还要辛辛苦苦地种地呢?只要每天到树下捡兔子就可以维持生活了。”从此，他就放下了锄头，整天守在那棵大树底下，两手抱着脚踝，等待兔子继续前来撞死。这样一天一天过去了，再也没有见第二只兔子来，他的田地也因此而荒废了。

熟能生巧

【书证】

《欧阳文忠公文集·归田录》：“乃取一葫芦置于地，以钱覆其口，徐以杓酌油沥之，自钱孔入而钱不湿。因曰：‘我亦无他，惟手熟尔。’”

【解释】

意思是说任何工作只要反复实践，坚持不懈地努力，都能掌握熟练的技巧，熟练了就能找到窍门，提高技巧。

【故事】

北宋时期有个名叫陈尧咨的人，擅长射箭。当时在他生活的那个地方，确实没有人能比得上他，因此他十分得意，觉得自己的箭术举世无双了，根本不把别人放在眼里。有一天，他在家中院内正兴致勃勃地练习射箭，有一个卖油的老汉挑着担子经过这里，看到他在射箭，就放下担子站在旁边观看。老汉看到陈尧咨的箭十之八九都能射中靶心，并不惊讶，只是微微地点了点头，还对周围的人说：“这没什么稀奇！”陈尧咨听到了，很是不满，便问他：“难道你也懂得射箭？难道我的箭术不高明吗？”老汉笑了笑，说道：“你的箭法好有什么值得夸耀呢？只不过是手法熟练罢了。”陈尧咨更生气了，心想：“这不是小看我的箭术，又是什么呢？这个人说话这么大口气，难道他也有绝顶的本事？”他正想发火，只见老汉坦然地说道：“以我的酌油技巧，我就可知道这一点。”老汉不慌不忙地从担子里取出一个装油的葫芦，又取出一个铜钱盖在葫芦口上，然后用木勺在油桶里舀起一勺油，慢慢地将油倒下。油从铜钱的方孔中，像一条直线似的直往葫芦里流，一勺子油全部倒完，葫芦口的铜钱居然没沾半点油，陈尧咨都看呆了。这时，老汉抬起头，对陈尧咨说：“其实我也没有什么特别的本事，不过是反复练习，手法熟练，技术也就高超了。”陈尧咨心里明白了许多，笑了笑，把老汉送出了家门。

双管齐下

【书证】

宋·郭若虚《图画见闻志·卷五》:"唐张璪员外,画山水松石,名重于世。尤于画松特出意象,能手握双管,一时齐下,一为生枝,一为枯干。"

【解释】

原指可以两只手各握一支笔同时绘画。后来比喻两件事或两方面同时进行。

【故事】

唐代画家张璪,字文通,关郡(今江苏苏州)人氏,以善画山水松石闻名于世。他在绘画艺术上有独创的技法和独特的风格,在我国绘画史上占有一定的地位。

据说,张璪作画时,必先平息静坐,等灵感一来,挥笔疾如雷电,顷刻而成。当时,有一位与他同时代的画家名叫毕宏,他早闻张璪画松独具一格,就请求张璪赐教,一开眼界。张璪答允,当场挥毫,只见他双手各握一支笔,左右一齐开动,同时落墨,一支笔画新枝,另一支笔画枯干,新枝如含春露,生气蓬勃,枯干似经秋霜,弯曲苍劲,各有妙趣。在场众人,无不称赞叫绝。更让人叹服的是,张璪用的竟是两支秃笔,兴会所至,还以手指代笔,蘸上墨汁,在纸上纵横揉擦,把松树的苍劲,山石的凝重,泉水的流动,表现得活灵活现,淋漓尽致。

张璪画完,投笔离座。毕宏上前,诚恳地请教张璪师从哪位名家,张璪谦虚地回答说:"外师造化,中得心源,如此而已!"意思是说,他以大自然为师,长期观察世上万物,使万物在心中,方能达到得心应手的境界,这道理是他千锤百炼领悟而来的。

毕宏细细地品味张璪的话,对张璪是又佩服,又感叹,说道:"张璪画松,非他人所能及,我辈从此可以搁笔了!"

水落石出

【书证】

宋代欧阳修《醉翁亭记》："野芳发而幽香，佳木秀而繁阴，风霜高洁，水落而石出者，山间之四时也。"

【解释】

原意为水落下来，石头就露出来了。比喻经过调查后事情的真相才能显露出来。

【故事】

北宋时期，有一位著名的大文学家、书画家，名叫苏轼，字子瞻，号东坡，四川眉山人。苏轼生性豪放，知识渊博，才高八斗。他曾经两次到黄州城（今湖北省黄冈县）的赤壁去郊游，并写下了《前赤壁赋》和《后赤壁赋》。

据说，那是十月的一个晚上，月光分外皎洁，苏轼和他的朋友们兴致勃勃地一起在城外游览，他们被这月白风清、十分宁静的夜景所感染，诗兴大发。苏轼本是风雅之士，想以酒助兴，不辜负眼前美好的景色。于是，急忙跑回家中，向妻子讨酒，妻子知道苏轼的性情，早已把酒给准备好了。苏轼非常高兴，拿起酒，赶忙回到朋友身边。他们一同来到赤壁下的长江岸边，登上轻舟游玩。他们喝着酒，吟着诗，高兴极了。这时，听见江水拍打岸边岩石的声响，在这寂静的夜晚显得特别清脆，岸边那千尺的陡壁峻峭如削。一座座高大的山峰屹然挺立，悬在山峰之间的月亮显得很小。江涛涌起又落下，沉在江水之下的石头露了出来，多么美丽而壮观的景象！苏轼看到此情此景，写出了著名的《后赤壁赋》，"水落石出"就是这篇赋中描写江水山石的一句话。

四分五裂

【书证】

《战国策·魏策一》:"张仪为秦连横,说魏王曰:'魏南与楚而不与齐,则齐攻其东;东与齐而不与赵,则赵攻其北;不合于韩,则韩攻其西;不亲于楚,则楚攻其南;此所谓四分五裂之道也。'"

【解释】

原意为分裂成许多块。形容不完整,不统一,不团结。

【故事】

战国时期,七国争霸。秦、魏、赵、韩、齐、楚、燕七国中,秦国最强大,而且不断侵略其余六国。六国的统治集团内部出现了亲秦、反秦两派。亲秦派以秦国的张仪为首,主张东方六国同西方的秦国和好相连,依附秦国,并跟从秦国去进攻其他国家,称作"连横"政策;反秦派以苏秦为首,主张六国由南到北联合起来,共同对抗秦国,称作"合纵"政策。于是,反秦派和亲秦派,纷纷派出说客,游说列国。这时候,秦相张仪来到魏国游说,劝魏王与秦国和好。他对魏王说:"魏国的南边是楚国,东边是齐国,西边是韩国,北边是赵国。魏国正处于他们的中间,要守住四边国境,很不容易。这是致命的弱点。如果联合南方的楚国而不与齐国联合,齐国就会从魏国的东边打过来;如果联合齐国而不与赵国联合,赵国就会从北边进攻;如果不和韩国和好,韩国就会派军队从西面打来;再有,如果不亲近楚国,楚国也会在南边挑衅闹事。这样,稍有不慎,魏国随时都有可能被四面包围,会发生战祸。您想,这岂有安全的保障?以上我所说的就是四分五裂的道理啊!"

魏王听了张仪的话,产生了忧虑,有些动心。张仪一见连忙劝道:"我为大王着想,还是采取'连横'政策,和秦国联合好。秦国强大,您联合了秦国,其他国就不敢来侵略,魏国就有了安全的保障,没有灭亡的危险了。"最后,魏国依附了秦国。

四面楚歌

【书证】

《史记·项羽本纪》："项王军壁垓下……夜闻汉军四面皆楚歌，项王乃大惊……"

【解释】

原意是四面八方传来楚国人的歌声。比喻四面受敌，处于孤立无援、走投无路的绝境。

【故事】

秦朝灭亡以后，各路反秦将领中势力最强的楚霸王项羽与汉王刘邦为了争夺天下进行了为时5年的楚汉战争。楚、汉两军彼此攻伐，相持不下，战争初期互相有胜败，但后来刘邦联合各地反对项羽的势力与项羽相争。公元前202年，刘邦等率军合围楚军。这年年底，项羽败退到垓下（今安徽灵璧县东南），被汉军团团围住。

这时，项羽的部队人数已经不多了，粮食也快吃完了，而刘邦的军队兵强马壮，粮草充足，把楚军包围了好几重，项羽很难突破重围。

为了彻底瓦解楚军的斗志，刘邦运用心理战术，叫汉军士兵唱楚地的歌曲，使楚军以为汉军已经尽占楚地。

一天夜里，项羽听到四面都响起了楚地的歌声，不由大吃一惊，他想："难道说汉军已经完全占领楚地了吗？唉，这里的楚人为什么这么多？"项羽深感大势已去，焦虑万分。他命人在营帐中摆酒，痛饮解愁。他心爱的妃子虞姬随军陪伴他，此刻被他叫来陪饮。项羽还有一匹青白杂色的好马，名叫乌骓，这匹马跟随项羽东征西战，驰骋疆场，也是他最喜爱的。败局已定，人将战死，最放不下的便是这虞姬和乌骓马。想到这里，他一边饮酒，一边悲哀激昂地唱道："我的力气能拔山河啊，勇气盖世无双，时运不佳啊，骓不再前进。骓不前进啊，该怎么办？虞姬呀虞姬，该怎样把你安排？"唱了几遍，又让虞姬舞剑跟他唱，虞姬为了免除项羽对她的顾虑，便拔剑自刎而死。项羽泪如雨下，在旁的随从也跟着哭泣，谁也不忍心抬起头来看这悲惨的景象。

当天夜里，项羽率领800多名骑兵，拼死突破重围，向南逃去。几经辗转，他们逃到了乌江岸边（今安徽和县东北的乌江浦），这时，项羽身边只剩28名亲兵，而追来的汉军有好几千人。项羽走投无路，在乌江边拔剑自刎而死。

贪小失大

【书证】

《吕氏春秋·权勋》："贪于小利失大利者也。"

汉代刘昼《新论·贪爱》："灭国亡身为天下笑，以贪小利失其大利也。"

【解释】

比喻因贪图小便宜失掉大的利益，也作"因小失大"。

【故事】

古时候蜀国（今四川）是一个很富庶的地方，沃田千里，谷满仓库，金银财帛更是数不胜数。可是蜀侯却是个贪得无厌的人，他还想要更多的金钱和美女。

秦国是蜀国的邻国，秦惠王见蜀国如此富有，早有吞并的野心，只因两国交界之处，不是悬崖，便是险道，很难出兵进攻。后来，秦惠王看到蜀侯贪便宜的毛病，命人雕刻了一头大石牛，给它披红绸、戴绿花，并把它放在通往蜀国的道路上，还不断地使它往前移；同时，秦惠王派人在石牛移动过的路上放置了一块块黄金，而且一面放出风声说这是一头会排泄黄金的金牛，一面派出使者向蜀侯说，为了两国的友好，愿将金牛送给他。蜀侯信以为真，高兴极了，便派身强力壮的禁卫军去开山填谷，修筑起一条路来让金牛通过，等路开好了，秦军便顺着新路攻打进来，将蜀国消灭了。

蜀侯为了贪小利，连国家也失去了。

后来的人便将这段故事的最后一句"以贪小利失其大利也"简化为"贪小失大"这则成语。

谈笑自若

【书证】

《三国志·吴书·甘宁传》:“宁受攻累日,敌设高楼,雨射城中,士众皆惧,唯宁谈笑自若。”

【解释】

形容在危机、紧张的时刻,也跟平时一样,说话笑容非常自然。

【故事】

三国时期,东吴有一个著名的将领名叫甘宁,字兴霸,八郡临江(今四川忠县)人。甘宁曾跟随周瑜,攻破曹营,进攻曹仁,又跟随大将吕蒙抗击关羽。因屡建战功,被任命为西陵太守、折冲将军。

曹操在赤壁之战中落败后,孙权和刘备的联军乘胜追击,一直追到南郡(今湖北江陵县)。驻守南郡的魏将曹仁以逸待劳,击败了吴军的先头部队。吴军大都督周瑜大怒,准备与曹仁一决雌雄。甘宁上前劝阻,他认为南郡与夷陵互为犄角,应该先袭取夷陵,然后再进攻南郡。周瑜认为他分析得有理,便接受了他的建议,命他领兵攻取夷陵。

甘宁率军直逼夷陵城下,与魏军守将曹洪激战。曹洪败走,甘宁命令部下迅速夺取夷陵。当时他的兵力很少,只有几百人;入城后立即招兵,但也不过千人。当天黄昏,驻守南郡的魏将曹仁,派曹纯和牛金引兵与曹洪汇合,共聚五千余人,把夷陵城团团围住。曹军架设云梯攻城,被甘宁守军击退。

第二天,曹军堆土构筑高楼,然后命士兵在高楼上向城中射箭。顿时箭如雨发,射死、射伤不少吴兵。吴兵将此情况上报甘宁,将士们听说后,都恐惧起来,唯独甘宁有说有笑,跟平日一样,毫不慌张。他命人收集曹军射来的数万支箭,选派优秀射手,与魏军对射。由于甘宁率军沉着顽强地固守,曹军无法攻破城池。

后来,周瑜派来救兵,与甘宁共同击退了魏军。甘宁临危不惧,镇守自若,谈笑风生,在军中传为美谈。

探囊取物

【书证】

《新五代史·南唐世家》:“酒酣临诀,熙谓穀曰:‘江左用吾为相,当长驱以定中原。’穀曰:‘中国用吾为相,取江南如探囊中物尔。’”

【解释】

原意是伸手到口袋里取东西。比喻事情非常容易办到。

【故事】

五代十国时期,有一个士人叫韩熙载。他因父亲被明宗李嗣源所杀,准备离开中原,投奔江南的南唐。韩熙载有个名叫李穀的好朋友为他送行,酒酣临别之际,韩熙载对李穀说:“江南的国家如果重用我,让我当宰相,我一定能率军长驱直入,迅速平定中原一带。”李穀听了也不甘示弱,针锋相对地说:“如果中原的国家让我当宰相,那夺取江南各国,就好比把手伸到口袋里取东西那样容易。”

韩熙载后来投靠南唐,一度得到南唐后主(李煜)的信任,但当时,南唐国事多变,奸臣当道,他未能得到重用,始终未能当上宰相,当年的誓言,自然没能得到实现。李穀的情况与韩熙载略有不同。他在北方后周当将领,奉命征伐南唐。他在南征过程中打了不少胜仗,屡建战功,只是他当宰相的誓言也没有实现。最终,他们二人当年的雄心壮志都未能实现。

螳臂当车

【书证】

《庄子·人间世》:“汝不知夫螳螂乎,怒其臂以当车辙,不知其不胜任也。”

清代李汝珍《镜花缘》第十八回：“谁知腹中虽离渊博尚远，那目空一切，旁若无人光景，却处处摆在脸上，可谓‘螳臂当车，自不量力’。”

【解释】

比喻自不量力，妄图用微小的力量阻止强大的事物的前进。

【故事】

春秋时，齐国国君齐庄公，有一次坐着车子出去打猎。忽见路旁有一只小小的虫子，伸出两条臂膀似的前腿，想阻挡前进中的车轮。

庄公见了十分好奇，问驾车的人：“这是一只什么虫子？”驾车的人答道：“是一只螳螂。”庄公又问：“它为什么不知退避？”驾车人又答道：“它就是这样，见车子来了，想来阻挡，真是不自量力！”

庄公笑道：“好一个不怕死的勇士，我们别伤害它吧！”说着，就叫驾车的人绕开螳螂，从路旁走过去。

这件事很快就传开了，人们说庄公敬爱勇士。好些武士听说后，纷纷来投奔他。这就是“螳臂当车”的故事。但是，“螳臂当车”作为一句成语，却并不是称颂出色的勇士，而是比喻自不量力的可笑人物。

螳螂捕蝉，黄雀在后

【书证】

《说苑·正谏》：“园中有树，其上有蝉，蝉高居悲鸣饮露，不知螳螂在其后也；螳螂委身曲附欲取蝉，而不知黄雀在其旁也。”

【解释】

原意是说螳螂捕捉知了，却不知道黄雀在它后边。比喻为了眼前利益损害别人，而不知道有人在背后跟着算计他。

【故事】

春秋时期，吴王寿准备要攻打楚国，他怕大臣们反对，于是，下了一道命令：谁敢劝阻出兵，就砍下谁的脑袋。一些大臣认为，攻打楚国即使取胜，但后方空虚，别的诸侯国可能乘虚而入，结果仍然不妙。但是，因吴王已下了死命令，所以，谁也不敢再去进谏。

在侍奉吴王的人中有个少年，他也认为攻打楚国会造成后患，想劝吴王放弃伐楚的打算，但是不敢进宫去见吴王。于是采取了另一种办法。

他就拿了一只弹弓，带着弹丸，到王宫的后院里去打鸟。一连去了3次，终于在一天早上和吴王在花园里相遇了。吴王看见这个打鸟的少年，衣服都被花草上的露水沾湿了，他还在仰着头，望着树梢，兴致勃勃地在那里转来转去。吴王问他是否打着鸟，少年说没有打着，但见到了件有趣的事情。吴王很有兴趣地要他说出来，于是，他对吴王说："大王，我在打鸟的时候，看到院子里一棵树上有只知了。知了高高地停在树上，悲哀地鸣叫着，同时饮着露水，哪知道它的身后来了一只螳螂。那螳螂弯着身子，曲着前肢，要去捕捉知了来充饥，却不知道它的身后又来了一只黄雀。""那黄雀要干什么呢？"吴王插话说。少年接着说："那黄雀伸长脖子，正想把螳螂吃掉，却不知道我的弹弓已对准了它，即将把它打死。知了、螳螂和黄雀这三只小动物，它们一心想得到的都是眼前的利益，却没有看到藏在它们背后的祸患啊！"吴王听到这里才会意，原来这少年是在规劝自己不要贸然出兵攻打楚国，以免造成祸患。于是，他下令停止出兵讨伐楚国。

天衣无缝

【书证】

五代牛峤《灵怪录·郭翰》："徐视其衣，并无缝，翰问之，曰：'天衣本非针线为也。'"

清代王士祯《池北偶谈·摘句图》："予读施愚山侍读五言诗……其章法之妙，如天衣无缝。"

【解释】

原指天上仙人所穿的衣服不是用针线所缝，所以都没有衣缝。后比喻事情办得无法找出破绽。

【故事】

唐朝时，有个名叫郭翰的御史，在盛夏一个夜晚，独自躺在院子里乘凉，忽然发现一个人从天上徐徐飘落下来，定睛一看，原来是一个美丽的女子。郭翰又惊又喜，疑心是天上的仙女下凡了，就问她是谁。"我是天上的织女。"果然如此，郭翰目不转睛地打量着织女，只见她满身光艳，灿烂夺目，衣裙漂亮极了。尤其令郭翰惊奇的是那衣裙上连一条缝都没有。他不禁问织女："你的衣裙上怎么连一条缝都没有呢？"织女指着衣裙回答："这是天衣，天衣不是用针线缝的，所以没有缝。"织女说完，一拉衣裙，又飞上天去了。

同甘共苦

【书证】

《战国策·燕策一》："燕王吊死问生，与百姓同其甘苦。"

《新编五代史平话》："李周尽力拒守，每与士卒同甘共苦，故能得军心，效死勿去。"

【解释】

指甜的共同尝，苦的一起吃。同享安乐，共担艰苦。

【故事】

战国时，齐国趁燕国国内政局不稳，出兵讨伐，把燕国打得大败。战后，燕国太子姬平继承了王位，史称燕昭王。

燕昭王面对百废待兴的国家，一时束手无策，不知怎么治理才能做到国富民强，复仇雪耻。

一天，一个臣子告诉他说，有个叫郭隗的人善出点子，很有计谋。于是他赶紧派人去把郭隗请来，对他说："你能否替我找到一个有本领的人，帮我强国复仇？"郭隗说："只要您肯礼贤下士，广泛选拔有本领的人，并且亲自去访问他，那么，天下有本领的人就都会投奔到燕国来。""那么我先去访问哪一个才好呢？"郭隗回答说："先重用我这个本领平平的人吧！天下本领高强的人看到我这样的人都会被您重用，他们肯定会不顾路途遥远前来投奔您的。"燕昭王听后，觉得有理，立刻尊郭隗为老师，并替他造了一幢华丽住宅。消息一传开，乐毅、邹衍、剧辛等一批当时很有才能的人，纷纷从魏、齐、赵等国来到燕国，为燕昭王效力。燕昭王高兴极了，一一委以重任，并对他们的家庭和亲人关怀备至，无论谁家有婚丧嫁娶等事，他都亲自过问。燕昭王的这种作风影响了群臣百官，各级官吏纷纷效仿，关心百姓生活、生产，全国很快出现了安居乐业的局面。

就这样，他与百姓同享安乐、共

渡苦难28年，终于把燕国治理得国富民强，受到举国上下的一致拥戴。

国家强盛了，燕昭王报仇的时机已到，于是他派了乐毅为上将军，联合秦、楚、韩、魏、赵等国，一起攻打齐国。

齐国大败，齐滑王也被迫逃离都城。燕军攻陷齐国的首都临淄，掠走全部珍宝，烧毁宫室宗庙，终于洗刷了从前被齐国打败的耻辱。

同心同德

【书证】

《尚书·泰誓中》(《十三经注疏》)："受(纣)有亿兆夷人，离心离德，予有乱臣十人，同心同德。"

【解释】

指为了同一个目标，同一个心愿，共同去奋斗。

【故事】

商朝末年，商纣王荒淫无道，暴虐成性，百姓对他恨之入骨。许多诸侯也纷纷起兵讨伐纣王。

大约在公元前1066年，商纣王调集全国的人马与东方的夷人作战，而对西方的防御比较松懈。周武王姬发觉得是个很好的机会，于是，他联合了西部8个小诸侯，集结了兵车300辆，敢死队勇士3000人，兵士45000人，亲自带队征伐。

出发前，全军召开了誓师大会，周武王巡视全军并义正词严、慷慨激昂地说："纣王统治着千千万万的人，还有人数众多的军队和将领，可是由于纣王的暴虐无道，杀人成性，所以这些人不会与他有一致的思想和共同的目标。我虽然只有10个协助我治理国家的臣子，但是，我们都愿百姓们过上丰衣足食的好日子，所以我们的思想、我们的目标都是一致的。"周武王停了停，看了看广场上众多的将士，接着又说："我们这次联合起来讨伐纣王。我希望每个人都能在这次讨伐战争中立下功劳。这就是我们这次战争的誓言。"

"我们一定同心同德，不消灭纣王誓不罢休！"广场上震耳欲聋的宣誓声，响彻云霄。

在姜子牙的统帅下，各诸侯国的战士列成整齐的队伍，高唱战歌，以昂扬的战斗姿态奋勇前进。当周武王的军队浩浩荡荡地渡过了黄河，一直打到商都郊外牧野(今河南汲县)一带时,商纣王才感到事态严重。可是他的主力部队全都到东方战场去了,一时间也调不回来。于是,纣王就把他的十几万奴隶兵派来与周武王的大军作战,可是这些奴隶们受尽了商纣王的侮辱和虐待,都不愿为商王朝打仗卖命,所以周军刚摆开阵势,奴隶们就不击而溃,四处逃散。还有许多人倒戈起义,加入周军。由于这些倒戈的奴隶兵熟悉地形,他们带着周武王的大军很快攻进了商朝的都城朝歌(今河南淇县)。

商纣王见大势已去,便穿上挂满珠宝玉器的礼服跑到摘星楼,点了一把火,把自己烧死在熊熊烈火之中。这样,商朝便灭亡了。

投笔从戎

【书证】

《后汉书·班超传》:"尝辍业投笔叹曰:'大丈夫无它志略,犹当效傅介子、张骞立功异域,以取封侯,安能久事笔砚间乎?'"

【解释】

原意为扔掉笔去当兵。形容弃文就武,读书人参军入伍。

【故事】

东汉初期,边疆经常受到胡人骚扰。有个叫班超的人,字仲升,平陵(在今陕西咸阳市西北)人,他是西汉著名史学家班彪的小儿子,《汉书》的作者班固的弟弟。

班超从小就胸怀大志,吃苦耐劳,勤奋好学,又擅长辩论,并且阅读过各种书籍。由于家境贫寒,他经常给官府抄写文件,也替私人抄写书籍,得些报酬,供养老母,补助家用。有一天,他一面抄写文件,一面觉得十分烦闷,忍不住立起身来,将笔猛地一扔,大声说道:"大丈夫纵然没有雄才大略,也应当像傅介子、张骞那样,立功异域,怎能长期把时间消磨在笔砚之间!"

同他一起抄书的人听了他的话,却不以为然,讥笑他是异想天开。班超反感地说:"你们这些庸碌之人,怎么能理解壮士的豪情壮志?"

再三考虑之后,班超扔下了笔,决定从军,当了一名军官。随后,他在新疆的哈密一带打匈奴得了胜仗。

接着，他建议通西域，东汉朝廷同意了。他被任命为副使，随同正使郭恂出使西域，那时他40岁。他在西域待了31年，同50多个国家建立了外交，回来的时候，已经71岁。他在青年时代许下的心愿，终于实现了。

投鞭断流

【书证】

《晋书·苻坚载记》："以吾之众旅，投鞭于江，足断其流。"

【解释】

原意为把马鞭扔到江中可以截断江水。形容兵马众多，力量强大。

【故事】

十六国时期，北方氐族的前秦势力最为强大，占领了长江北部大部分地区。

秦王苻坚企图征服南方的东晋王朝。他在全国大规模征兵，当有了80万大军时，他得意地说："东晋很快就会被我征服了。"可是，许多大臣都认为进攻东晋的时机还不成熟。大臣石越劝苻坚说："虽然我们现在兵多将广，但晋军有长江天险可守，我们未必能取胜。"苻坚傲慢地笑道："以吾之众旅，投鞭于江，足断其流！"

苻坚不听劝告，进攻东晋，结果在淝水之战中被晋军彻底打败了。

图穷匕见

【书证】

《战国策·燕策》："轲既取图奉之，发图，图穷而匕首见。"

【解释】

穷：极点，完结。见：显露。比喻事情发展到一定程度，本意或真相就会显露出来。

【故事】

战国后期，秦国灭了赵国，准备进攻燕国。燕国太子丹请来勇士荆轲，让他去刺杀秦王。

秦国将军樊于期因为得罪了秦王，逃到燕国，秦王正在悬赏捉拿他。荆轲认为如能带着樊于期将军的人头去见秦王，秦王一定不会怀疑的，再带上燕国南部肥沃地区——督亢的地图献给秦王，秦王一定会更加欢迎，会亲自接见自己，这样就有机会刺杀秦王。樊将军支持荆轲，拔剑自杀。荆轲把他的头放在一个盒子里，又带上督亢地图，在地图里面藏了一把锋利、特别涂有剧毒的匕首。带上这三样东西，荆轲辞别太子丹及好友，悲壮地向秦国出发。

秦王听说燕国来使带来了樊于期的人头和督亢的地图，非常高兴，立即在宫殿里接见了荆轲。他首先检查了樊将军的人头，然后又观看卷着的督亢地图，地图摊开后，匕首就露了出来。荆轲迅速抓起匕首，一把拉住秦王的衣袖，企图威逼他答应将侵占各国的领土全部归还。秦王吓得挣断衣袖，绕着柱子逃跑，荆轲奋力举起匕首向秦王刺去，匕首刺进铜柱里，没有刺中秦王。武士们冲进来，当场杀死了荆轲。

徒劳无功

【书证】

《庄子·天运》：“夫水行莫如用舟，而陆行莫如用车……推舟于陆也，劳而无功。”

《西游记》第八十四回：“今被他一篇散言碎语带去，却又不是徒劳无功？”

【解释】

比喻白白费了力气而毫无成果。

【故事】

春秋时期，孔子有一次准备去卫国，他的学生颜回觉得此行前景难料，就去询问鲁国官吏师金。他说：“我的老师到处游说，劝人家接受他的政治主张，可是到处碰壁。这次我们要去卫国，你估计情况会怎样？”师金摇摇头说：“恐怕还是不行。”颜回说：“为什么呢？”师金对他说：“我打个比方吧。人们用狗供奉祖先时，先用篮子装好，再用绣花布包好，然后恭敬地放在案桌上。这时的狗真神气！但祭祀之后，谁也不管这只死了的狗，过路的人把它踢到一旁，想吃的人把它的肉割下来烧烤，另一些人把包狗的绣花布做成枕头，睡觉时枕在下面。今天的孔子，就像祭祀祖先的狗一样。”

颜回不满意师金的比喻，说道：“还不至于如此吧？”师金说：“怎么不至于如此？孔子去宋国，宋人就把孔子乘凉的那棵树也砍了；孔子曾去陈国和蔡国，饿了七天得不到东西吃，多少次面临死亡。这次，孔子去卫国，卫人也不会理睬他的。本来是船在水中行，车在陆地走，可是孔子呢，他却在路上行船，在水中行车，虽然用尽了力气，却劳而无功，自身还吃苦受罪。”

徒有虚名

【书证】

《北宋书·李元忠传》：“计一家不过升斗而已，徒有虚名，不救其弊，遂出十五万石以赈之。”

《三国演义》：“回报曰：‘乃马良之弟马谡也。’懿笑曰：‘徒有虚名，乃庸才耳！’”

【解释】

形容只有一个不合实际的虚名，并没有什么真才实学。

【故事】

三国时期，诸葛亮出兵北伐，屯兵祁山寨中。忽然接到探报，司马懿领兵20万，向祁山杀来。诸葛亮非常吃惊，说道：“司马懿一定要夺取街亭，断我粮道，街亭虽小，却是咽喉要地，万一失守，就坏了大事。”大将军马谡自以为深通兵法，小小的街亭一定能守住，因此坚决请战，并立下了军令状。诸葛亮给他调拨25000名精兵，并派上将军王平相助，叮嘱他处处小心，千万不得失误。

马谡和王平率兵来到街亭，见这里都是山间小路。马谡笑道：“丞相真胆小，这样一个地方，魏兵哪里敢来！”王平说：“虽说魏兵不敢来，我们也应在五路总口下寨，以防万一。”马谡却主张在路边一座小山下寨。王平说：“当路下寨，敌兵无法偷过，如果屯兵山上，敌兵四面包围，如何应付？”马谡大笑说道：“兵法说：‘居高临下，势如破竹’。敌兵来了，定叫他片甲不回。”王平又说：“这山乃是绝地，敌兵如果断我水道，我军就乱了。”马谡不高兴地说：“你不要乱说。孙子说：‘置之死地而后生’，敌兵断我水道，蜀兵必然死战。我熟读兵书，连丞相都经常向我请教，你何必再要阻挡?”王平仍然反对在山上下寨，于是，马谡便拨给他5000人马，在离山10里的地方，扎下一个小寨，与山上大寨形成犄角之势。

司马懿率兵来到街亭，看到马谡在山上扎寨，便大笑道：“马谡只有虚名，是个庸才，诸葛亮用这样的人物，怎能不误事!”司马懿传令下去，立即驱动军马，一拥而上，把山的四周团团围定。马谡在山上望去，见魏兵漫山遍野，声势浩大，慌忙挥动红旗，命令蜀兵向下冲杀。蜀兵见魏兵阵势浩大，非常害怕，不敢下山。马谡大怒，连斩杀蜀军二将，蜀兵惧怕，只好下山冲杀，但魏兵岿然不动，蜀兵只好又退回山上，马谡见情况不妙，命令紧闭寨门，等待援军。

王平引军来救，但兵员太少，被魏将张郃领兵挡住，无法救援。山上的蜀兵被围困了一天，又被断了水道，军心大乱。到了夜间，山上蜀军饥渴难耐，便打开寨门下山降魏。马谡禁止不住，心慌意乱。正在这时，魏兵又放火烧山，直烧得满山通红，只听见魏兵一片喊杀之声。眼看守不住了，马谡只好带领残兵，乘夜从西面杀下山去，慌忙夺路而逃，街亭失守。最后，诸葛亮不得不挥泪斩马谡。

土崩瓦解

【书证】

《淮南子·泰族训》：“纣之地，左东海，右流沙，前交趾，后幽都；师起容关，至蒲水；士亿有余万，然皆倒矢而射，傍戟而战，武王左操黄钺，右执白旄以麾之，则瓦解而走，遂土崩而下。”

【解释】

像泥土倒塌，瓦片破裂。比喻彻底垮台或溃败。

【故事】

商纣王是商朝的末代君主，是一个暴虐无道的昏君。他贪恋酒色，荒淫无度，整日花天酒地，寻欢作乐，不理朝政。他听信谗言，重用奸臣，残害忠良，滥杀无辜。他还强征暴敛，动用巨资，强迫百姓为他自己修建宫苑。更令人发指的是，他惨无人道，制造种种酷刑，如“炮烙”：把人绑在一个烧红的空心铜柱上，活活把人烙焦而死。在纣王暗无天日的统治下，百姓们无不怨声载道，苦不堪言。

虽说商朝的疆土辽阔广袤，东起东海，西至人烟稀少的沙漠，南起五岭以南的交趾，北至遥远的幽州，军队驻扎从容关一直到蒲水，士兵不下百万，但兵士们不愿意再为纣王效力，打起仗来商朝的政权自然就岌岌可危了。周武王毅然举起反商伐纣的大旗，他左手擎着兵器大钺，右手拿着白色的旌旗，坐在战车上，所向披靡，势不可当。百姓们纷纷响应。商纣王的政权就像瓦片破裂、城墙倒塌一样，很快就覆灭了。商纣王也在宫中的摘星楼自焚而死。

兔死狐悲

【书证】

《宋史·李全传》：“宝庆三年二月，杨氏使人行成于夏全曰：‘将军非山东归附耶？狐死兔泣，李氏灭，夏氏宁独存？愿将军垂盼’。”

【解释】

原意是兔子死了，狐狸感到悲伤。比喻因死亡而感到悲戚。

【故事】

南宋时期，山东一带都被金兵占领。老百姓不堪忍受金兵的压迫，纷纷举起义旗，抗击金兵。其中杨安儿、李全等领导的几支红袄军，是规模较大的起义军队。

金兵对起义军进行了残酷镇压，杨安儿在一次战斗中不幸牺牲。杨安儿的妹妹杨妙真(号称“四娘子”)，率起义部队转战各地，继续斗争。杨妙真善骑射，号称“梨花枪天下无敌”，在红袄军中被称为“姑姑”。后来，她率领起义军与李全的起义军在磨旗山(今山东鄌县东南的马山)会合为一支，并与李全结为夫妻。公元1218年，他们投归宋朝，在楚州(今江苏省淮安县)一带继续进行英勇的抗金斗争。公元1227年，他们被金兵重兵包围，战斗失败后投降金军。

不久，宋朝派太尉夏全率领兵马攻打李全部队，宋军将楚州团团围住，情况十分危急。杨妙真心想，夏全原先也是山东起义军的将领，也许能说服他手下留情，网开一面。于是，她派了一位能言善辩的山东将领去见夏全，这样说道："夏将军是从山东率众起义后归附宋朝的将领，现在，您带兵攻打我们是受朝廷的指派。但是，夏将军不知想过没有，狐狸和兔子都是同类，如果兔子死了，那么狐狸就会悲伤哭泣；如果把李全消灭了，您能够单独生存下去吗？希望我们之间不要相互残杀。"夏全最后被说服了。

退避三舍

【书证】

《左传·僖公二十三年、二十八年》(《十三经注疏》)："晋楚战于城濮，文公令退三舍避之。"

【解释】

舍：古时行军 30 里为一舍。原意是退师 90 里。比喻退让和回避，避免冲突。

【故事】

春秋时期，晋献公因为宠爱骊姬，便立骊姬所生的儿子奚齐为太子，公子重耳和夷吾被迫流亡国外。

起先，重耳仓皇逃到翟国，在那里一住就是 12 年。晋献公去世以后，太子奚齐和公子卓子先后继位，但都被大臣里克所杀。后来，公子夷吾从梁国回去继了位，即晋惠公。晋惠公怕重耳回国来夺他的宝座，便派人去行刺重耳。

在这种险恶的形势下，重耳只得到处逃窜。他曾先后逃到齐、曹、卫等国，但是，那些国家的国君没有一个瞧得起他。后来他到了楚国，楚成王对他很赏识，很器重，不但用接待诸侯的礼仪对待他，而且对他的随从如赵衰、介之推等也十分优待和尊重。

有一天，楚成王准备了丰盛的酒菜，来款待这位落难的晋公子。成王和重耳紧邻而坐，彼此谈得很投机。酒酣耳热之时，楚成王突然笑着问："今天我以如此隆重的礼节接待公子，将来公子要是回国，作了晋国国君，打算怎么报答我呢？""男女奴隶、宝玉和丝绸您多的是；至于装饰用的羽毛、兽齿和皮革等，又是贵国的名产，我实在不知道应该怎样报答您才好！"重耳很为难地说。成王听了重耳的回答，觉得很不满意，说："话虽如此，但我想，公子将来如做了晋国国君，总可以报答我的吧！”这时，重耳突然灵机一动，说：“假如托您的福我真能回到晋国，一定和楚国和睦相处，将来万不得已和您在战场上见面，那我一定命晋军退避三舍，来报答您的恩情。”楚成王听了重耳这些话，认为重耳很有志向，更加器重他了。后来，重耳结束了在外颠沛流离的生活，回到晋国，并做了国君（即晋文公）。有一次，为了援助宋国，他不得不和楚国交战。当两军接近时，他履行了当初对楚成王的承诺，下令全军后退 90 里。

完璧归赵

【书证】

《史记·廉颇蔺相如列传》：“相如曰：‘王必无人，臣愿捧璧往使。城入赵而璧留秦；城不入，臣请完璧归赵。’”

【解释】

原意是把完整无损的和氏璧归还赵国。比喻把原物完好地归还给原主。

【故事】

战国时期，赵国得到一块宝璧，叫做和氏璧。秦昭王知道了，便派人送信给赵王，说愿意用 15 座城来换这块宝璧。

赵王怕秦王有诈，不想将和氏璧送去，但又怕秦王借口派兵来犯。一时连可以派到秦国去答复的人也物色不到。

就在这时，有人向赵王推荐了蔺相如。赵王就把蔺相如召来，要他给出个主意。蔺相如说：“秦国强，赵国弱，不答应恐怕不行。”赵王问他谁可以出使秦国。蔺相如回答说：“想必大王还未找到可以出使的人。我愿意捧着璧出使秦国，并向大王保证，秦国将城池给赵国，我就把璧留给秦王，如若秦国不将城池给赵国，我就一定将完整的璧送归赵国。”于是，赵王派蔺相如出使秦国。

蔺相如到了秦国，向秦王献上和氏璧后，秦王满心欢喜，只顾给左右大臣和姬妾们传看宝璧，根本不提交换 15 座城池的事。蔺相如借口璧上有小白斑点要指给秦王看，取回和氏璧，他紧靠在朝堂的一根大柱子上，怒气冲冲地指责秦王说：“大王派使者到赵国，说愿以15座城池交换和氏璧，赵王特派我将宝璧送来，可是，大王却并无交换的诚意。如今，大王一定要逼我的话，我宁可把我的脑袋和宝璧在这柱子上一同撞个粉碎！”

秦王真怕他把那块稀世珍宝摔坏了，连忙叫人劝阻，连声道歉，并当场叫人拿出地图，划出15座城池。但蔺相如料到秦王这只是做做样子，不会真的交城。因此他要求秦王必须斋戒5天，在朝廷上举行最隆重的仪式，方能献璧，秦王被迫同意。

蔺相如估计到，秦王虽然答应斋戒5天，但肯定不肯给赵国15座城。因此让一个亲信随从换上普通百姓穿的粗布衣服，藏着和氏璧，从小路逃回了赵国。

5天过后，等到秦王发觉受骗，已经来不及了，秦王虽然很恼火，但就是杀了蔺相如，也不能得到这块宝璧，无可奈何地说：“秦赵两国不必为一块宝璧伤了和气。”就这样，蔺相如平安地回到了赵国。

至此，蔺相如名声大震，并受到了赵王的信任和重用。

玩物丧志

【书证】

《尚书·旅獒》：“不役百度惟贞，玩人丧德，玩物丧志。”

【解释】

形容沉迷于自己所喜爱的事物，消磨了积极进取的志气。

【故事】

西周初年，周武王推翻殷商的残暴统治之后，逐渐建立了一个强大的王朝，并与四方的少数民族国家有了交往。当时，西戎进贡了一种名叫“獒”的猎犬，这种猎犬比一般的猎犬个头都大，而且凶猛无比，打猎时跑得非常快。周武王从来没见过如此大的犬，心里很是喜欢，准备收下。

太保召公知道后，马上进宫来见周武王说：“大王还记得殷商的灭亡吗？殷商之所以灭亡，就是他的帝王喜欢美人和奇珍异宝，长期过着荒淫放纵的生活，不理朝政，失去了百姓的拥护。现在，我们应该引以为戒啊！”召公回到家里，又连夜写了一篇叫《旅獒》的文章来劝谏周武王。他在这篇文章中说：“英明的帝王要处处谨慎，注意自己的德行。四方的国家敬仰你，不管他们是远还是近，都应该当做宾客看待。他们进贡的物品，有实际用途的才应该收下。假如一个人玩弄他人，就会丧失品德；玩弄物品，就会丧失志向。人的志向十分重要，有了志向，才会专心致志地做事情。”

周武王看了召公的文章很受感动，便采纳了他的意见，将猎犬“獒”退还了西戎。过了一段时间，周武王又将召公所言刻在器物上，以此告诫子孙：不要因为玩弄奇珍异宝而丧失了自己的志向。

万事俱备，只欠东风

【书证】

《三国演义》第四十九回：“万事俱备，只欠东风。”

【解释】

原意是万般事项都已准备齐全了，现在只缺少东风。比喻一切都已齐备，只差最后一个重要条件了。

【故事】

三国时候，曹操率领20万大军驻扎在长江中游的赤壁，企图打败刘备以后，再攻打孙权。刘备采用联吴抗曹之策，与吴军共同抵抗曹操。

当时，孙权和刘备兵力都不强，而曹操兵多将广，处于压倒性优势。刘备的军师诸葛亮和孙权的大将周瑜商讨破敌良策，二人都主张只有火攻，才能打败曹操。

于是，周瑜便秘密准备了大批引火的东西，又用老将黄盖诈降曹操，去做内应。还叫谋士庞统假意暗投曹操，向曹操“献计”，叫他把战船每30只至50只用铁环连锁成排，说这样可以避免不习惯乘船的北方士兵水上颠簸、晕船。

可等一切都准备好了，周瑜却发现曹操的船只停在大江的西北，而自己的船只靠在南岸。这时正是冬季，只有西北风，如果用火攻，不但烧不着曹操，反而会烧到自己头上，只有刮东南风才能对曹军发起火攻。周瑜眼看火攻不能实现，急得口吐鲜血，病倒在床上，名医、良药都治不好他的病。这时诸葛亮去探望周瑜，问他为何得病。周瑜不愿说出实情，就说：“人有旦夕祸福，怎能保住不得病呢？”诸葛亮笑着说：“天有不测风云，人怎能预料到呢?”周瑜听到诸葛亮话中有话，非常惊讶，就问有没有治病的良药。诸葛亮说:“我有个药方，保证能治好您的病。”说完，悄悄写了16个字，递给周瑜。周瑜拿过来一看，上面有四句话，16个字:

欲破曹公，宜用火攻;

万事俱备，只欠东风。

周瑜见诸葛亮已完全猜到了他的心事，便不再隐瞒，说道:“先生既然知道我的病根，该怎么治，请您赐教!”于是，诸葛亮提出了借东风的主意。诸葛亮有丰富的天文气象知识，他预测近期肯定会刮几天东南风，但他不说实话，便哄骗周瑜说:“我有呼风唤雨的法术，借给你三天三夜的东南大风，你看怎样?”周瑜高兴地说:“不要说三天三夜，只一夜东南大风，大事便成功了!”周瑜立刻命令部下做好一切火攻的准备，等候诸葛亮借来东风，马上进兵。诸葛亮让周瑜在南屏山修筑七星坛，然后独自一人登上七星坛，口中念念有词，故弄玄虚，装作呼风唤雨的样子。

半夜三更，忽听风响旗动，周瑜急忙走出军帐观看，真的刮起了东南大风，他连忙下令发起火攻。

周瑜率领火船向曹操水寨疾驶，当火船靠近曹操水寨时，一声令下，士兵们顺风放火。风助火势，火借风威，把曹营的战船烧个一干二净，岸上的营寨也被烧着，兵马损失不计其数。在烟火弥漫中，曹操仓皇逃命，从华容道退回许昌。

这就是历史上著名的“赤壁之战”。

万死不辞

【书证】

《三国演义》:“妾蒙大人恩养，训习歌舞，优礼相待，妾虽粉身碎骨，莫报万一。近见大人两眉愁锁，必有国家大事，又不敢问。今晚又见行坐不安，因此长叹。不想为大人窥见。倘有用妾之处，万死不辞!”

【解释】

原意为死一万次也不推辞。形容就是有生命危险也不推辞。

【故事】

东汉末年，朝政大权落在董卓手中。董卓掌管一切，骄横跋扈，野心勃勃。他自封“太师”，要汉献帝尊他为尚父，把他的兄弟、子侄全封为侯爷。他的义子吕布力大无穷、武艺高强，每时每刻在保护着他。

朝廷的司徒王允看到董卓这样嚣张，很为朝廷担心，但又无法除掉董卓，心中十分烦恼。有一天夜里，王允到后花园散心，忽然听见有人在牡丹亭畔长吁短叹，走近一看，原来是家中的歌妓貂婵。王允问："深更半夜你为什么来这里唉声叹气？"貂婵回答说："我是在担心您呀，这几天我看见您双眉紧锁，所以心中忧伤。小女子不才，如果大人有用我的地方，我一定效力，虽万死也决不推辞……"王允听了貂婵的话，忽然灵机一动，想起董卓和吕布都是好色之徒，计上心来，慌忙给貂婵跪下，行叩拜礼。貂婵慌忙扶起王允，王允流着眼泪说："你也看到了，眼下朝廷危如累卵，奸臣董卓将欲篡位，朝廷文武无计可施。董卓有一义子，名叫吕布，此人骁勇异常，天下无敌。方才听了你的话，我想出一条'连环计'来，先把你许配给吕布，然后再暗中献给董卓；你去离间他们父子二人，让他们因为想得到你而互相仇恨，最后挑拨吕布去杀死董卓。这样方能除去大害，为国效忠。不知你意下如何？"貂婵缓缓站起，态度十分坚决地说："我已许下大人万死不辞，我如果不能遵计杀死董卓，以报国恩，愿意死在万刃之下！"

王允和貂婵共同谋划，实施了"连环计"，结果除掉了奸臣董卓。

亡羊补牢

【书证】

《战国策·楚策》："亡羊而补牢，未为迟也。"

宋代陆游《秋兴之八》："惩羹坎齑岂其非，亡羊补牢理所宜。"

【解释】

原意为丢失了羊后，才修补羊圈。比喻受到损失后想办法补救，以免再受到损失。

【故事】

战国时期，楚国的楚襄王是一个昏庸的国君，成天吃喝玩乐，不管国家大事，对强大的秦国毫不警惕。大臣庄辛看到这种情况，对襄王说："您成天跟一些小人玩乐，不顾国事，看来郢都要危险了！"襄王听了大怒，骂道："你老糊涂了吧，都胡说些什么?"庄辛说："我确实有这样的顾虑，您既然不信，就请允许我到赵国去，看将来事情是怎样发展吧。"

庄辛走后才5个月，秦国果然派兵攻打楚国，并长驱直入，攻陷了楚国的都城郢都。楚襄王这才想起庄辛的话，连忙派人把庄辛请了回来。见到庄辛，襄王说："过去因为我没有听你的话，所以才弄到这种地步，现在我们该怎么办?"庄辛说："亡羊而补牢，未为迟也!"庄辛又给楚襄王分析了当时的形势，认为楚国都城虽被攻陷，但还有几千里国土，只要振作起来，秦是灭不了楚的。

于是庄辛为襄王筹划，复兴了楚国，庄辛也被楚襄王封为阳陵君。

望梅止渴

【书证】

南朝宋刘义庆《世说新语·假谲》："魏武行役，失汲道，军皆渴，乃令曰：'前有大梅林，饶子，甘酸可以解渴。'士卒闻之，口皆出水，乘此得及前源。"

【解释】

原意为盼着吃梅子也就不渴了。比喻愿望无法实现，用空想安慰自己。

【故事】

三国时期，魏国曹操带领部队征战，经过一个地方，当时正是烈日炎炎，将士们都热得汗流浃背。曹操见将士们个个口干舌燥，艰难行走，就下令部队原地休息，派人分头找水解渴。过了好一会儿，派出找水的人都空手而回。原来，这是一片荒原，既没有河流，也没有山泉，此地根本没有水。将士们一听，更感到口渴难忍，疲惫不堪了。曹操心中焦急万分，不知如何是好。突然，他灵机一动，站在高处，指着前面向将士们说："大家看，前面有好大一片梅林，梅树上结满了梅子。这梅子又酸又甜，可以用它来解渴。"将士们一听梅子，嘴里都流出了口水，当下，也就不觉得十分口渴了。于是，将士们打起精神，曹操趁此带领部队加速前进，离开了这个没有水的地方。

危如累卵

【书证】

《韩非子·十过》:“其居之危,犹累卵也。”

《战国策·秦策四》:“卫危于累卵。”

《史记·范雎蔡泽列传》:“秦王之国,危于累卵,得臣则安。”

【解释】

原意为危险得像堆积起来的蛋一样。形容情况极为危险。

【故事】

春秋时,晋灵公要建一个9层高的豪华大宫殿,由于工程浩大,耗费了许多人力物力,修了3年还没有完成。大臣们都纷纷建议停止修建,晋灵公大怒说:“有谁再敢进谏,处死不赦!”

大臣荀息得知此事,便要求去见晋灵公。灵公料到他是来劝谏的,就拉开弓,搭上箭,只要荀息说半句劝谏的话,就一箭射死他。谁知,荀息笑嘻嘻地对灵公说:“我是来给您表演一个小节目的。”荀息先拿出12个棋子,一个个叠起来,然后拿出9个鸡蛋,小心翼翼地把一个个鸡蛋往棋子上面累,晋灵公都看得惊呆了,不禁大叫道:“危险啊!太危险了!”荀息看着灵公不慌不忙地说:“这算什么呢?还有比这更危险的呢!”灵公忙问:“还有比这更危险的吗?”荀息回答:“9层的宫殿,建造了3年还没有完工,耽误了百姓的种田和织布,国库也快空了,这难道不是更危险的事吗?”

晋灵公恍然大悟,叹道:“唉,这是我的错误!”便立即下令停止建造宫殿。

危在旦夕

【书证】

《三国志·吴志·太史慈传》："今管亥暴乱，北海被围，孤穷无缘，危在旦夕。"

《三国演义》第二回："天下危在旦夕，陛下尚与阉宦共饮耶！"

【解释】

原意是危险就在早晚之间。比喻马上就要发生危险。

【故事】

东汉末年，各地农民纷纷起义，震动了汉家天下。有一次，黄巾起义军的管亥部队把北海都昌团团围住，身为一郡之长的孔融万分焦急。这时，来了一个家住东莱的青年壮士，名叫太史慈，因为孔融曾经接济过他的老母亲，他想去搭救孔融，以报往日的恩情。

他见到孔融说："请给我一支兵马，我替你杀出一条路，救你出去！"孔融对太史慈并不信任，没有答应他，说："还是等待援军吧，那样稳妥一些！"

3天过去了，并没有人来援救孔融，形势十分危急，孔融想派人去给平原相刘备报信，让他赶来救援，怎奈城被围得水泄不通，一个人也跑不出去，大家非常忧虑。这时太史慈又来请求，说："这件事交给我吧，我保证能把信送到！""不行呀，敌人围得严严实实，无法出城啊！""即使是这样，我也要为您出城送信。过去大人救济过我母亲，是母亲叫我来为您解难，我一定有办法救您出去的，别迟疑了！"太史慈说得十分恳切，孔融只好答应了。

第二天，太史慈披挂上马，身后只带两名骑手。城门打开，太史慈跃马杀出，城外围军一时惊骇，不知如何应付。只见太史慈搭弓射箭，射中两个军卒，然后拍马进城。第三天还是这样，几天过去，城外围军已经习以为常，不加警惕。可是第五天早上，城门一开，太史慈飞马奔出，直冲围军而去。围军急忙躲闪，太史慈越过重围，朝大路飞驰而去。

太史慈到了平原郡，见到了平原相刘备，急告说："今北海相孔融大人被围，孤立无援，危亡就在早晚，情况十分严重，请平原相马上派兵解救，我今天是拼死从兵刃中突围出来，务请君救人于危难……”

刘备听了太史慈的话，很受感动，刘备说：“孔融这位大名鼎鼎的北海相，还知道我这个刘备，真是看得起我，我怎能坐视不救呢？”于是，马上派3000精兵跟随太史慈去援救孔融。太史慈领兵一到都昌城下，管亥的围军闻风退走。孔融得救了，兴奋地拉住太史慈，感慨地说：“卿真是我的年少挚友啊！”

太史慈辞别孔融，回到家乡。他的老母亲欢喜地把他迎入家门，高兴地说：“我的儿子终于替我报答了孔融的往日之恩哪！”

为虎作伥

【书证】

《正字通·听雨记谈·伥褫》：“相传虎啮人死。死者不敢他适，辄隶事虎，名为伥鬼。伥为虎前导，途遇暗机伏陷，则迁道往。人遇虎，衣带自解，皆伥所为。虎见人伥而后食之。”

【解释】

原意指被老虎咬死的人，他的鬼魂又帮助老虎伤人，称为伥鬼。比喻甘心替恶人作恶，干坏事，当帮凶。

【故事】

很久以前，在某一个地方的一个山洞里，住着一只凶猛无比的老虎。有一天，它因为没食物充饥，便走出了山洞，到附近的山野里去猎取食物。

山野里各式各样的动物很多，但是，当它们一闻到老虎身上那股特殊的难闻味道时，就全都敏感地逃开了。

老虎眼见这些大好的食物都无法到口，心中有说不出的懊恼。正在这时候，它看到山腰的不远处，有一个人正蹒跚地走来，便猛扑过去，把那个人咬死，把他的肉吃光。

但是，老虎还不满足，它抓住那个人的鬼魂紧紧不放，非让他再找一个人给它享用不可，不然，它就不让那人的鬼魂获得自由。

那个被老虎捉住的鬼魂居然同意了。于是，他就给老虎当向导，找呀找，终于遇到第二个人了。

这时，那个鬼魂为了自己早日得

到解脱，竟然帮助老虎行凶。他先过去迷惑那个人，然后把那人的带子解开，衣服脱掉，好让老虎吃起来更方便。

这个帮助老虎吃人的鬼魂，便叫做伥鬼。传说，人如果不幸被老虎伤害，丧了性命，他的鬼魂就要变作替老虎服务的一种鬼。这种鬼，就叫做"伥鬼"。"伥鬼"必须死心塌地做老虎的奴才，听取老虎的指使。什么时候帮助老虎再吃掉一个人，有了新伥鬼接替旧伥鬼，旧伥鬼也就解脱了。

这个传说虽然是无稽之谈，但是"为虎作伥"这则成语，却从此流传了下来。

未雨绸缪

【书证】

《诗经·豳风·鸱鸮》："迨天之未阴雨，彻彼桑土，绸缪牖户（门窗）。今女下民，或敢侮予！"

【解释】

原意是趁着天还没下　，先把门窗缠缚牢固。比喻事先做好准备，防患于未然。

【故事】

西周时期，周武王灭了商朝后，他没有杀掉商纣王的儿子武庚，而继续封他为殷君，让他留在商的旧都。但周武王对他又不放心，所以将自己的三个弟弟管叔、蔡叔和霍叔，分封在商都的东面、西面和北面，以便监视武庚和商朝的遗民，称为"三监"。

武王的弟弟周公以及太公、召公等，帮助武王灭商立了大功，武王把他们留在京城辅政，其中周公旦最受武王宠信。

过了两年，武王患了重病，大臣们都非常忧愁。忠于武王的周公特地祭告周朝先祖，表示愿意代替哥哥去死，只望武王病愈。祝罢，命人将祝词封在石室里，不准任何人泄密。

说来奇怪，周公祝祷后，武王的病情一度有了好转。但是不久即犯病去世。年幼的太子姬诵被拥立为国王，即周成王。周公受武王遗命摄政。

周公的摄政，引起了管叔等三人的妒忌。于是，他们就到处散布流言说，周公要谋害成王，企图夺取王位。这些流言蜚语很快就传到成王耳朵里，幼稚的成王听信流言，果然对周公不信任起来。周公知道后，对太公、召公说："如果我不讨伐他们，就无法告慰于先王！"但是，周公又考虑到，一时很难向成王说清楚，为了解除成王对自己的疑虑，就离开了镐京，前往东都洛邑。纣王的儿子武庚不甘心商朝的灭亡。他见周氏兄弟之间有了矛盾，就派人和管叔等"三监"联络，挑拨他们与周公的关系。与此同时，武庚还积极准备起兵反叛。

周公在洛邑住了两年，在这期间，他调查清楚了武庚暗中与管叔等勾结的情况，便写了一首诗送给成王。这首诗的诗名叫《鸱鸮》(猫头鹰)。它的前两节是这样：

"猫头鹰啊猫头鹰！

你已抢走了我的儿，不要再毁我的家。

我多么辛苦殷勤哟，为哺育儿女已经全累垮！

趁着天还没有下雨，

我就忙着把桑根剥下，

加紧修补好门窗。

因为下面的人呀，有时还会把我欺吓！"

这首诗以雌鸟的口吻哀鸣，反映了周公对国事的关切和忧虑。诗中的猫头鹰是指武庚，哀鸣的雌鸟则是周公自己。

不料，年轻的成王并没有看懂这首诗的含义，因此没有理解周公的苦衷。后来，成王无意之中在石室里发现了周公的祝词，深受感动，立即派人把周公请回镐京。这时，成王才知道武庚与三位叔叔相互勾结的内情，并派周公出兵讨伐，平息叛乱。最后，处死了武庚、管叔和霍叔，把蔡叔流放到边远之地。从此，周王朝得到了巩固和发展。

文不加点

【书证】

汉代祢衡《鹦鹉赋序》："衡因为赋，笔不停辍，文不加点。"

《后汉书·祢衡传》："衡揽笔而作，文无加点，辞采甚丽。"

【解释】

原意是指写文章一气呵成，不需修改。形容文思敏捷，技巧成熟，整篇文章非常完美。

【故事】

东汉时期，有个名叫祢衡的才子，他恃才傲物，狂放不羁。他非常瞧不起重权在握的曹操，三番五次当众羞辱他。有一次，祢衡坐在曹操的营门口，以杖捶地，大骂不止。曹操很气愤，对祢衡的好友孔融说："祢衡这小子，我要杀他就像杀死雀鼠一样容易。但是，他很有才气，素有声名，如果杀了他，人们会说我不能容人。我把他送交给荆州刘表，看刘表怎样对待他。"

于是，祢衡便到了刘表那里，刘表虽然很欣赏祢衡的才能，但也受不了他的傲慢劲儿。刘表又把祢衡送交性情急躁的江夏太守黄祖。祢衡到了黄祖那里之后，黄祖很器重他，尤其欣赏他写得一手漂亮的文章。他曾经拉着祢衡的手，说："您写的这篇文章，正中我的下怀，说出了我想说而又说不出的话。"

黄祖的长子黄射是章陵太守，同祢衡特别要好。有一次，黄射大宴宾客，有人献来鹦鹉。黄射举杯对祢衡说："请先生写一篇鹦鹉赋，为嘉宾们助助酒。"祢衡毫不推辞，提笔就写，一气呵成，而且文章写好后不用改动，文采十分华美。

闻鸡起舞

【书证】

《晋书·祖逖传》："（逖）与司空刘琨俱为司州主簿，情好绸缪，共被同寝。中夜闻荒鸡鸣，蹴琨觉曰：'此非恶声也。'因起舞。"

【解释】

原意是半夜听到鸡叫，便起来舞剑练身。比喻有志之士抓紧时间，奋发有为。

【故事】

东晋时期，有位著名的爱国将领，名叫祖逖，字士稚，范阳（今河北涞水县北）人，祖辈都做官，他小的时候，父亲就去世了，生活是由哥哥照顾的。祖逖从小就轻财好侠，豁达而有大志。当时他有一个极好的朋友，名叫刘琨。刘琨也是生性豪迈，胸襟开阔的人。两人志同道合，意气相投，长大以后，他们便一起去司州（今河南洛阳东北）任主簿（主管文书簿籍的官吏），都希望为国家出力，干出一番事业。

他们白天一起在衙门里供职，晚上合盖一床被子睡觉。

当时，西晋皇族内部互相倾轧，争权夺利，一些少数民族首领乘机起兵作乱，国家安全受到严重威胁。祖逖和刘琨对此都很为焦虑。

一天凌晨，大地一片凄清沉静，突然响起了一阵鸡叫声，祖逖被这嘹亮的鸡叫声惊醒，便把同被而卧的刘琨踢醒，说："你听到鸡叫声了吗？"刘琨侧耳细听了一会，说："是啊，是鸡在啼叫。不过，半夜的鸡叫声是恶声啊！"祖逖一边起身，一边反对说："这不是恶声，你听，这鸡啼声是多么清脆悦耳，它引吭高歌是催促我们快起床锻炼。还是起床吧！"刘琨接受了祖逖的观点，跟着穿衣起床。两人来到院子里，只见满天星斗，月光皎洁，于是，拔出剑来，两人就在曙光刚露之前挥舞起来，越舞越有精神，越舞越豪迈，直舞到东方太阳升起，他们才收剑回房。

后来，祖逖和刘琨都为收复失地竭尽全力，做出了自己的贡献。

卧薪尝胆

【书证】

《史记·越王勾践世家》："越王勾践反国，乃苦身焦思，置胆于坐，坐卧即仰胆，饮食亦尝胆也。"

【解释】

原意为在柴草上睡觉，饭前尝尝苦胆。形容人下定决心，策励自己，不忘耻辱，发愤图强。

【故事】

春秋时期，吴王夫差为了给父亲报仇，率兵攻打越国，结果越国大败，越王勾践及其妻子被押送到吴国。吴王为了侮辱他们，便让勾践夫妇住在他父亲墓旁的石屋里，一边守墓赎罪，一边喂马。

勾践给夫差喂了3年的马，在这3年中，勾践小心谨慎，逆来顺受，过着十分艰苦的生活。夫差每次外出坐车时，勾践就要被叫去拉缰绳当马夫，受尽侮辱。有一次，夫差病了，勾践进宫，亲自服侍夫差，并且说："父亲病了，儿子应该伺候；国君病了，臣下应该伺候。我今天是特来伺候大王的。”夫差很受感动，病好以后，便送勾践夫妇回国了。

勾践回到越国后，刻苦自励，立志复国，报仇雪恨。他为了不忘被困会稽山的奇耻大辱，把越国都城搬到了会稽。他怕自己的意志消沉，仍旧睡在没有被褥的草堆上，还在屋里悬挂一只苦胆，每次吃饭前，都要先尝一尝苦胆的苦味，然后大声问自己：“勾践，勾践，你忘记会稽战败的耻辱了吗？”

他亲自下地耕种，让夫人纺麻织布，带动百姓发展生产。他还鼓励生育，使在战争中减少的人口又逐渐增加起来。同时，越国还制定出了复兴计划和具体措施，准备用10年的时间鼓励生养，集聚财物，加紧教育，训练军民。就这样，勾践经过“十年生聚，十年教训”，终于使越国强大起来。又过了几年，勾践亲自率领大军，进攻吴国。吴军抵挡不住，夫差派人来向越王勾践求和，勾践不答应，夫差无奈，被迫自杀了。勾践终于消灭了吴国，洗刷了耻辱。

无可奈何

【书证】

《战国策·燕策三》：“既已无可奈何，乃遂收盛樊于期之首，函封之。”

汉代司马迁《报任安书》：“事已无可奈何，其所摧败，功亦足以暴于天下矣。”

【解释】

指没有任何办法，只好这样了。

【故事】

西汉时期，汉武帝刘彻执政的时候，由于他对内以严酷的手段进行治理，对外又不断地进行扩张，对百姓强征暴敛，百姓们负担太重，苦不堪言。尤其是连年的战争，使广大的农民流离失所，简直到了忍无可忍的地步。于是，他们纷纷起义暴动。起义的队伍大的有几千人，小的也有几百人。谁也弄不清楚各地起义农民到底有多少人。他们自立旗号，攻打城池，夺取兵库，劫狱释放死囚，并抢劫富豪，救济贫民。响应者不计其数，闹得轰轰烈烈。暴动起义震惊了汉武帝和朝中大臣，他们都很害怕，急忙调兵遣将，前去武力镇压。然而，起义的队伍却越来越大，势头也越来越猛，大有不可阻挡之势。

汉武帝和大臣们都恐慌极了，连忙再征调更多的军队，对起义军进行残酷的杀戮。一下子杀了几万人，连给起义军运送粮食的几千人也给杀了。就这样，汉武帝镇压了好几年，但农民起义军始终没有消灭掉。他们又重新聚集在一起，占领山地和水乡，阻塞水陆交通，他们有时还成帮结伙地袭击官兵，声势浩大，汉武帝和大臣们对他们是又恨又怕，毫无办法。“无可奈何”这则成语即由此引申而来。

无立锥之地

【书证】

《庄子·盗跖》：“盗跖大怒曰：‘尧舜有天下，子孙无置锥之地，汤、武立为天子，而后世绝灭；非以其利大故邪？’”

《荀子·非十二子》：“无置锥之地而王公不能与之争名。”

《史记·留侯世家》：“灭六国之后，使无立锥之地。”

【解释】

原意是指连插个锥子的地方也没有。形容境遇尴尬到了极点，连个安身之处也没有。

【故事】

春秋时期，鲁僖公有个大夫，名叫展禽，人称下季，又称柳下惠。柳下惠有一个弟弟叫盗跖，他聚众闹事占山为王，是一个江洋大盗。有一次，孔子去劝说盗跖，想叫他改邪归正。刚开始盗跖不肯接见他，还把他大骂一通。孔子仗着自己是柳下惠的朋友，再次请守门人通报，说：“我与柳下惠是朋友，请求见盗跖将军一面。”守门人又进去通报，盗跖说：“叫他进来！”孔子来到盗跖面前，只见盗跖手按宝剑，双目圆睁，恶声恶气地说：“孔丘(孔子名丘)，你过来！你所说的话，如果符合我的心意，我就不杀你；如果不符合我的心意，我就叫你死。”孔子说：“天下有三种美德：长得高大魁梧，美好无比，无论什么人见了都喜欢，这种美德是上等的；通晓天文地理，对万事万物都有明察，这种美德是中等的；勇敢彪悍，刚毅果敢，能够聚众率兵，这种美德是下等的。只要具备了其中一种美德，就可以称帝为王了。如今将军您三种美德都有，身长八尺二寸，满面红光，唇如丹漆，声如洪钟，然而却名叫盗跖，我认为是不合适的。如果您肯接受我的建议，我就为您出使各国，说服这些国家，让他们为您建造起数百里大城，给您采邑数十万户，尊将军您为诸侯，从而使天下罢兵休卒，共享太平。这是圣人才士的行为，也是天下人的愿望。”

盗跖听完孔子的这番话，非常生气地说：“孔丘，你靠前站！能被利益打动，能被花言巧语说服的人，都是愚昧浅陋的顺民。我身材高大，容貌美好，人人见了都喜欢，这是我父母遗传给我的美德，我自己知道。我听说，喜好当面恭维人的家伙，也喜好在背后诋毁人。今天，你说要给我造大城，又给我十万户民众，这是想拿利益引诱我，可这怎么能够长久呢！大城再大，也不会比天下大。尧舜拥有天下，而他们的子孙却穷困到极点，没有立足之地；商汤和周武王贵为天子，而断子绝孙。这不是因为他们获利太大了吗？你还是乖乖地给我滚出去吧。否则我就一剑杀了你。”孔子无奈，只好离去。

“无立锥之地”就是从这个故事来的。

五十步笑百步

【书证】

《孟子·梁惠王》上：“孟子对曰：‘王好战，请以战喻。填然鼓之，兵刃既接，弃甲曳兵而走，或百步而后止，或五十步而后止。以五十步笑百步，则何如？’曰：‘不可。直不百步耳，是亦走也。’”

【解释】

原意是两个打了败仗的士兵，一个向后跑了五十步，讥笑另一个向后跑了一百步。比喻二者程度虽有不同，但本质都是一样。

【故事】

战国时期，梁惠王很喜欢和别国打仗。有一天，他问孟子：“我对国家的治理，可以说是尽心尽力的了。如：河内收成不好，有了灾荒，我就把河内的农民移到河东去，同时又把河东的粮食调给河内;要是河东收成不好,有了灾荒,我也同样设法去救济。看看邻近各国的国君,没有一个像我这样疼爱百姓的。可是,邻近各国的百姓也没见减少,我国百姓也没见增多,这是什么原因呢?”

孟子回答说:“大王喜欢打仗,我就以打仗做个比喻吧。双方的军队到了战场上,战鼓一响,双方的士兵就兵刃相见,你死我活地厮杀起来。这时候,被打败的一方,免不了要丢盔弃甲,拖着兵器逃跑。在那些逃跑的士兵当中,自然有跑得快的,有跑得慢的。假如,有一个士兵跑得慢,只跑了五十步,看见前边有一个士兵跑得快,已经跑了一百步。因此,就嘲笑那个跑了一百步的‘怕死,不勇敢’,而说自己胆子大,敌人追来都不怕,您看对不对呢?”梁惠王说:“当然不对,那士兵只不过还没逃到一百步,但他也是逃兵啊!”

孟子说:“大王既然懂得这个道理,那么,您怎么能使您的百姓比邻国多呢?您虽然在小的地方多照顾了一点老百姓,可是您喜欢打仗,一打起仗来,就会有成千上万的老百姓死亡,这和邻国比起来,不也像‘五十步笑百步’吗?”

物以类聚

【书证】

明代冯梦龙《醒世恒言》第十七卷:“自古道:‘物以类聚。’”

【解释】

原意为同类的事物常聚在一起。现在多比喻坏人常相互勾结在一起。

【故事】

战国时期,齐国有一个聪明机智,又有才能的人,名叫淳于髡。他身材比较矮小,但为人机智幽默,口才非常好,他多次出使诸侯国,但从未受过屈辱。

齐威王死后,齐宣王继位。齐宣王想要招纳贤士,让淳于髡推荐人才,没想到淳于髡在一天之内,就向齐宣王推荐了七人。齐宣王感到很惊讶,就向淳于髡问道:“我听说人才是很难得的,走遍千山万水,也很难寻到一个,经历百年,也很难等到一个。而你一天之内就给推荐了七人,不是有点多了吗?”

淳于髡笑着回答说:“不能这么

说，您要知道，同类的鸟总是在一起聚居，同类的野兽总是在一起行走。如果到水泽洼地去寻找柴胡、桔梗等药材，那么永远也找不到一根，因为这些药材是生长在山里的。如果到睾黍山、梁文山的背面去寻找，那就可以用几大车来装。这就叫‘同类事物相聚在一起’。大王，我淳于髡也可以算是个贤士吧，在我的周围，与我相交来往的都是这一类的贤士，现在，您叫我给您找贤士，就好比在河里汲水、用火石打火一样的方便。今后，我还要继续给您推荐贤士，何止这七个人呢！”

惜墨如金

【书证】

元代陶宗仪《辍耕录》：“作画用墨最难，但先用淡墨，积至可观处，然后用焦墨浓墨，分出畦径远近，故在生纸上有许多滋润处，李成惜墨如金是也。”

【解释】

原指绘画不轻易落笔。后形容不轻易写东西。

【故事】

李成，字咸熙。他是五代十国时期的著名画家。李成很喜爱读书，读过许多经史，又喜欢写诗，擅长弹琴、下棋，但他最擅长的是画山水。

李成画画，特别善于描绘北方山野的寒林景色和风雨、烟云、雪雾等自然景象。李成的山水画最大的特点在于画的构图和笔墨的运用。他的笔势锋利，墨法精微，他好用淡墨，然而落笔又很简练。所以后人赞扬他说：“李成作画，不轻易落笔，先用淡墨，后用浓墨，爱惜笔墨就像爱惜金子一样。”

先礼后兵

【书证】

《三国演义》第十一回："郭嘉谏曰：'刘备远来救援，先礼后兵，主公当用好言答之，以慢备心；然后进兵攻城，城可破也。'"

【解释】

指敌对双方应先讲道理，讲不通再以强硬手段解决。

【故事】

东汉末年，徐州太守陶谦派人向刘备告急，说徐州被曹操兵马团团围住，请求刘备紧急救援。

刘备率领关羽、张飞和赵云，杀出一条血路，冲进徐州城内。陶谦将刘备请入府衙，双手捧出徐州牌印，诚恳地说："当下国事纷乱，朝纲不振，你是汉室宗亲，又正当年，理该力扶社稷。我已年老昏庸，情愿将徐州相让……"

刘备急忙推辞说："我功微德薄，今来相救本是出自大义，怎敢有吞并之心？"

二人推来推去，众人看着着急，府吏们相劝说："今日兵临城下，还是先商议退兵之计为好，让位之事可容日后再议。"刘备赞成这个意见，答应说："我先给曹操写封信，劝他退兵，如果他不答应，咱们再与他交战。"

刘备在给曹操的信中客观地分析了当时的形势，力劝曹操以朝廷为重，撤回徐州之兵，以救国难。

曹操看完封信后，火冒三丈，大骂道："刘备是什么人？胆敢来教训我！将送信的人给我斩首，命令全军上下，立即做好准备，马上攻城，我看刘备到底有何本事！"

曹操手下有一个谋士，名叫郭嘉。他是一个有深谋远虑的人。他见曹操发怒，便劝他说："以我之见，刘备远来救援，应该先礼后兵，这是很合乎礼节的。我们千万不能鲁莽，应该用好话去安抚他，麻痹他，然后再攻城，一定可顺利拿下。"曹操听了郭嘉的建议，款待送信使者，又按郭嘉的建议，给刘备写了回信。正在这时，忽然有人前来报告，说吕布的军队已经攻破兖州，正向濮阳扑来，曹操顿时惊恐万状，大声喊道："兖州有失，我们无家可归了，马上撤离徐州！"

郭嘉下达了撤军命令，然后对曹操说：“我们可以给刘备卖个人情，就说看在他的面子上我们退军了！”

曹操会意地点了点头，又提笔重新给刘备写了一封回信。

先入为主

【书证】

《汉书·息夫躬传》：“惟陛下观览古戒，反覆参考，无以先入之语为主。”

【解释】

指容易听信先听到的话，听不进后来的意见。

【故事】

汉朝哀帝执政时，宠信董贤、孙宠、息夫躬三个人。哀帝拟下诏书封他们为侯，各食邑千户。丞相王嘉劝哀帝说：“董贤权势太盛，孙宠和息夫躬二人是奸佞之臣，恐日后扰乱朝廷，万不可封侯。”皇帝不听王嘉的话，还是给他们三人封了侯。

后来息夫躬看到董贤的地位越来越高，非常嫉妒，并且想取代他。于是，编造一套谎言，哄骗哀帝说：“陛下，匈奴的单于今年没朝见天子，这其中一定有变故，恐怕是要引兵侵扰边境，陛下应当早做准备。”

原来息夫躬事先已派人通知单于，不让他入塞朝拜天子，一手策划了这一事端。

对于息夫躬的话，大臣们根本不相信，纷纷劝哀帝不要轻信。哀帝又问丞相的意见，王嘉说：“天子施仁行善，万民才能安居乐业。息夫躬的话分明是一派谎言，恐怕是想趁天子出兵之机图谋不轨。陛下千万不可由于先听到了息夫躬的话，就信以为真，做出错误的决定啊！”

哀帝还是听不进大臣们的劝谏，准备派军队讨伐匈奴，但又遭到董贤的反对，没能实现。后来，息夫躬的阴谋终于败露，结果被关进大牢，受到了应得惩罚。

先声夺人

【书证】

《左传·昭公二十一年》："军志有之，先人有夺人之心，后人有待其衰。"

茅盾《子夜》："他这眼光是他每逢定大计，决大疑，那时候儿的先声夺人的大炮！"

【解释】

表示以强大的声势摧垮对手的志气。

【故事】

春秋时期，宋国的司马华费逐有三个儿子，三兄弟名叫华貙、华多僚、华登。华多僚很得国君的信任，成为国君的心腹。他得势后，不但不提携两个兄弟，反而经常在国君面前说他们坏话，华登被逼逃亡到国外。他又对宋公说："华貙这个人和反叛的人交情甚厚，留着他十分危险！"

宋公听信了华多僚的话，决定打发华貙到国外去。华貙明知这是华多僚的暗中陷害，就与侍从杀死了他，并召集逃亡的人一起反叛宋国。宋公请来齐国的乌枝鸣，帮助防守城池。

这年冬天，逃亡在外的华登，带领吴国军队来支援华貙。在这紧要关头，厨邑的大夫濮对乌枝鸣说："兵书上有这样的说法：先张扬自己的声威，可以摧毁敌人的士气；等待他们的士气衰竭，立即向敌人发起进攻。现在华登的军队长途奔波而来，十分疲劳，还没有安定下来，正是我们发动攻势的好时机。如果敌人稳定住了，士气足了，我们就难以对付了。"

乌枝鸣听从了濮的建议，第二天就以强大的声势迎击华登，把吴军打得大败，华登孤注一掷，领着残兵败将，奋力抵抗，拼命向宋公杀去。宋公招架不住，企图逃跑。濮拉住他，说："我是下臣，我可以为君王战死，但不能护送您逃跑，您应该坚持住！您如果逃跑，全军就崩散了。"说完，濮又朝军士们喊："是国君的战士都把旗帜挥舞起来！"

军士们狠劲地舞动旗帜，士气大振。这时宋公也壮起胆子，对军士说："国家若是败亡了，国君死去，也是你们的耻辱，大家一起拼死战斗吧！"

于是，齐军和宋军一起举起利剑与华登死拼。华登支持不住，节节败退，濮冲在最前面，追上华登后，一枪刺死了他，将他的头砍下，裹在战袍里，一边奔跑，一边狂呼："我斩了华登了，我斩了华登了！"

最后，宋公取得了这场战争的胜利。

相敬如宾

【书证】

《左传·僖公三十三年》："臼季使过翼，见冀缺耨，其妻馌之，敬，相待如宾。"

《三国志·魏书·常林传》裴松之注引《魏略》："其妻常自馈饷之，林虽在田野，其相敬如宾。"

【解释】

形容夫妻互相尊敬，如同待宾客一样。

【故事】

春秋时期，晋国的大夫臼季奉命出使，路过冀地（今山西河津东北），遇见前朝旧臣郤瑞的儿子郤缺正在锄草，他的妻子来给他送午饭。只见他的妻子恭恭敬敬用双手把饭捧递给丈夫，丈夫席地而坐，庄重地接过，妻子等他吃完饭后，收拾好碗筷，夫妻二人相互道别后，妻子便回去了。臼季看后，十分赞赏，认为夫妻之间都能这样相互尊敬，如同对待客人一样，那对待别人一定会更加恭敬有礼了。臼季深信郤缺是个有德之士。

臼季回去之后，见到了晋文公，把他见到的郤缺夫妻相敬如宾的事对晋文公说了，并推荐郤缺说："恭敬，是德的集中体现，能做到恭敬就必然有德，有德的人才能治理百姓。郤缺就是才德兼备的人。"晋文公说："他的父亲犯谋逆罪被杀，我们现在可以任用郤缺吗？"臼季回答道："古代尧、舜是贤君，但是，尧的儿子丹朱，舜的儿子高君都是不孝之子；大禹的父亲，鲧因治水九年不成，被舜处死，而他的儿子禹却把洪水治好了，舜便传位给了禹，使他成为了一代圣君。再有，管仲是齐桓公的仇敌，曾想射死齐桓公，而齐桓公为了治国图霸，不但不记旧仇，反而任他为相。在管仲的辅佐下，齐桓公便成了第一个霸主。还有在《康诰》中说：'父亲不慈爱，儿子不诚敬，哥哥不友爱，弟弟不恭顺，彼此是不相关的。’《诗经》上说：‘采蔓菁采萝卜，不要丢掉它们的根。’大王尽可选用他的长处就是了。”

晋文公被臼季说服了，任郤缺为下军大夫。后来，郤缺在作战时有勇有谋，立下了大功，升任为卿大夫。

项庄舞剑，意在沛公

【书证】

《史记·项羽本纪》：“范增起，召项庄，谓曰：‘君王为人不忍，若入前为寿，寿毕，请以剑舞；因击沛公于坐，杀之。’……于是，张良至军门见樊哙。樊哙曰：‘今日之事何如?’良曰：‘甚急！今者项庄拔剑舞，其意常在沛公也。’”

【解释】

比喻说话行动虽然表面上有名目，其实真正的意图却在于对某人某事进行威胁或攻击。

【故事】

秦朝末年，项羽的大军进驻了鸿门(今陕西临潼东北)后，刘邦手下曹无伤派人到项羽那里告状，说刘邦想做关中王。项羽的军师，被项羽尊为“亚父”的范增也建议趁早除去刘邦，以绝后患。项羽有些心动，想出兵进攻刘邦，可是项羽的叔叔项伯却极力为刘邦开脱说好话，项羽才同意暂不出兵，叫刘邦到鸿门来谢罪。刘邦为了消除误会，在谋士张良的陪同下，到鸿门当面向项羽谢罪。

项羽是个直性豪爽的人，见刘邦如此谦卑又真诚坦率，便表示不再怀疑，并设宴款待刘邦。参加宴会的，还有范增、项伯等人。

在宴会时，范增多次向项羽使眼色，还把腰带上佩戴的玉环举了三次，暗示他对刘邦动手。可是，项羽只当看不见，范增便跑出去对项羽的堂兄项庄说：“大王心慈手软，不忍心杀掉刘邦，你可进去给大王祝寿敬酒，并要求舞剑助兴，趁机杀了刘邦。”

项庄遵命，立即进入内堂，向各位敬了酒，为项羽祝了寿，便对项羽说：“大王与沛公(即刘邦)一起喝酒，军中没有歌舞为乐，让我来舞剑助兴吧！”项羽说：“好吧。”项庄拔剑起舞，项伯一见，也拔出剑来说：“一个人舞剑不如两个人对舞有兴致。”说着便与项庄对舞起来，他靠近刘邦，不时用身体做掩护，使项庄一时无法下手。

张良一看情况不妙，便跑出来对刘邦大将樊哙说：“情况十分危急，项庄正在拔剑起舞，意在刺杀沛公！”

笑里藏刀

【书证】

《旧唐书·李义府传》：“义府貌状温恭，与人语必嬉怡微笑，而褊忌阴贼，……故时人言义府笑中有刀。”

《雍熙乐府·醉花阴（满腹阴阴似刀搅）》：“谁承望笑里藏刀，眼见得丧荒郊。”

【解释】

“笑里藏刀”原作“笑中有刀”。后世多作“笑里藏刀”，比喻表面和善，内心阴险毒辣。

【故事】

唐太宗时，有个名叫李义府的人在科举考试中因对策（对皇帝的策问）良好而被朝廷录用，当了一个小官。

唐高宗继位后，擅长察言观色、逢迎拍马的李义府升了官，高宗想把武则天立为皇后，李义府上蹿下跳，百般支持，博得了高宗的欢心，很快升任右丞相，成为掌握朝政大权的高官。

李义府表面上待人和蔼谦恭，脸上总是带着微笑，但心底里却狭隘阴险，手段毒辣，冒犯过他或不顺从他的人，都会遭到他的毒手。为此，大家在背后送给他一个外号“笑中刀”。

有一次，李义府听说大理寺的监狱里关着一个犯死罪的女囚，长得非常漂亮，便想霸占她。他甜言蜜语说通了狱吏毕正义私下放了她，又指使手下偷偷把她藏在私宅。事情被发觉后，主管大理寺的官员向高宗奏告。他得知后便威逼毕正义自杀。李义府以为死无对证，也就不把这件事放在心上。

侍御史（掌管监察官员工作的官职）王义方了解内情后，将原委奏告高宗，并要求朝廷对他严加惩处。但因高宗偏袒，不仅不拿住李义府问罪，反而将王义方贬到外地去做小官。事后，李义府还恬不知耻地讽刺挖苦王义方。

此后李义府更加肆无忌惮，徇私枉法，聚掠钱财。一天，他在宫中看到一份任职名单，便默记在心。回家后，就指使儿子找名单上的一个人，向他透露这件事，并乘机索要了一大笔钱。不久，此事被揭发出来，高宗终于认清了这个一贯逢迎讨好、笑里藏刀的小人的真面目，将他父子流放到嶲州(今四川境内)去。后来天下大赦，也不准他返回京都。

信口雌黄

【书证】

《晋书·王衍传》："义理所不安，随即更改，也号口中雌黄。"

【解释】

古代用黄纸写字，写错了就用雌黄涂去重写。比喻不顾事实或不顾后果，随口乱说，或比喻言论矛盾，没有一定见解。

【故事】

西晋时期有一个名叫王衍的人，字夷甫，是临沂(今属山东省)人。王衍是一个有名的清谈家。起初，他任元城县令时(元城在今河北大名县附近)，每天很少办公事，就是没完没了地闲聊、胡扯、发议论，不过工作上倒也没有出过什么大的差错。后来，他几经升官，被任为"太子舍人"、"尚书郎"等高职，最后还担任过宰相，这样一来王衍清谈的兴趣也就更高了。他喜爱老子和庄子的学说，每天谈的多半是老、庄的玄理。谈的时候，只见他手执玉柄麈尾(一种用鹿的尾毛制成的拂尘，古时学者讲授时多手执麈尾，类似后来的教鞭)，轻声慢语，从容不迫，好像满肚子都是学问的样子。当时清谈之风正是盛行，王衍竟受到一部分人的钦佩和尊敬，使他成为清谈家的首领之一。

其实，每当他夸夸其谈，讲他那套玄妙空虚的理论时，常常是前后矛盾、漏洞百出。当听的人指出他的错误或提出疑问时，他也毫不在乎，往往不假思索，随口更改，然后厚着脸皮，不慌不忙地继续谈论下去。据《晋书·王衍传》载，当时人们因此称他"口中雌黄"。后来，人们就将其叫作"信口雌黄"了。

叶公好龙

【书证】

汉代刘向《新序·杂事》:“叶公子高好龙,钩以写龙,凿以写龙,屋室雕文以写龙。于是天龙闻而下之,窥头于牖,施尾于堂。叶公见之,弃而还走,失其魂魄,五色无主。是叶公非好龙也,好夫似龙而非龙者也。”

【解释】

比喻表面上爱好某事物,实际上是怕它或反对它。

【故事】

春秋时期,有一位楚国人名叫沈诸梁,字子高,在叶地(今河南叶县南)当县尹,自称为“叶公”。

据说,这位叶公特别爱好龙。他身上佩带的钩剑、凿刀等都饰上龙纹,家具和室内装饰也都采用龙的形象,连家里的门窗梁柱上都雕刻着各种各样的龙,墙上也画着龙。叶公爱好龙的名声也就传扬开了。

上界的天龙听说人间有一位叶公对它是如此的喜爱,便决定下凡到人间看一看,并当面谢谢叶公。这一天,叶公正在睡午觉,忽然间,雷鸣电闪,风雨大作,把叶公惊醒。只见从窗口伸进一个大龙头来,吓得他惊魂失魄,夺门而逃,逃到堂屋外,又见一条很大的龙尾巴横在面前,挡住他的去路。叶公被吓得魂飞魄散,倒在地上,不省人事了。天龙瞧着半死不活的叶公,感到莫名其妙,只能扫兴地飞回上界了。

原来,叶公不是真的爱好龙,他爱好的不过是似龙非龙的东西而已。

夜郎自大

【书证】

《史记·西南夷列传》:“滇王与汉使者言曰:‘汉孰与我大?’及夜郎侯亦然。以道不通故,各自以一州主，不知汉广大。”

【解释】

比喻妄自尊大。

【故事】

两汉时期，西南一带有许多各部族的小国，其中有一个较大的小国叫夜郎国（今贵州西部）。

相传有一位女子在河边洗衣服，忽然水上漂来一根有三节的大竹筒，隐隐约约还听到竹筒里有婴儿的哭声。人们赶紧把竹筒捞起，剖开一看，发现里面有一个男婴，于是便抱回去抚养。这个孩子长大后，强壮勇敢，有胆有识，后来自立为王，建立了这个夜郎国。

这个夜郎国，面积很小，与一个普通的县差不多。这里人口稀少，土地稀薄，四面环山，交通极不方便。可是，夜郎国的国王却非常骄傲，自认为他所统治的国家是天下最大的国家了。有一次，汉武帝派使臣到夜郎国访问。夜郎国国王问使臣：“汉朝和我的国家相比哪个大？”汉朝使者听了，不禁哑然失笑。由于国王从来没有离开过自己的国土，也不知道外界的情况，更不知道汉朝的疆域广大。当使者告诉夜郎国国王说，汉朝有十三个州府，每个州府又有许多县，夜郎国的国土只有汉朝一个县那么大。夜郎国国王听完使者的回答，才知道夜郎国是这么小，于是同意改做汉朝的郡县。

一败涂地

【书证】

《史记·高祖本纪》：“天下方扰，诸侯并起，今置将不善，一败涂地。”

【解释】

原意为一旦失败，就要惨遭杀害，肝脑涂地。比喻事情受到惨重的失败，弄到不可收拾的地步。

【故事】

汉高祖刘邦，在秦末时，本是沛县（今属江苏省）泗水地方的一个亭长。有一次，刘邦押送一批服劳役的民工去骊山扩建秦始皇的陵墓。不料走到半路上民工们接二连三地伺机逃走了。刘邦心想：这下糟了，肯定会被治死罪。心里一横，索性把剩下的人都放走，带着十几个不愿走的，躲进芒砀山，聚集人马，准备起义。那时，各地诸侯纷纷起义反抗暴君的统治，农民领袖陈胜、吴广也在大泽乡发动了起义。

沛县县令见局势不稳，恐怕日后于己不利，同时听说刘邦在群众中很有威望，便叫人去把刘邦请来。可是，当县令得悉刘邦带着众多人马而来，又觉害怕了，便下令紧闭城门，不让入城。刘邦大怒，便写了一封给城中父老的信，绑在箭上，射进城去。信中鼓励百姓共同抗秦，响应起义。百姓们果然齐心响应，杀了县令，开了城门，迎接刘邦入城，并且请他做沛县县令。刘邦推辞说："现在天下大乱，各地纷纷起义反秦。情况危急，如果将领选得不适合，一旦失败了，大家就会人头落地。我是不怕死的，但我的能力不够。希望大家推举更适合的人吧。"最后，刘邦推辞不过，就做了沛县县令。所以刘邦又称为"沛公"。

实用一生的语言精华丛书

校园实用经典

XIAOYUAN SHIYONG JINGDIAN QUWEI CHENGYU

趣味成语

《实用一生的语言精华》丛书是一套科普类读物□歇后语□座右铭□格言等无疑都是一种浓缩的语言精华□可能经过千百年来人们的不断提炼和传承□才得以流传至今□本套丛书包括□经典座右铭□歇后语□赠言寄语□趣味成语□趣味俗语□趣味谚语□警语名句□趣味哲言等各种类型的语言精华□集趣味性和知识性于一身□可以作为广大青少年朋友修身养性□努力学习的一个指路明灯□

谢芾◎编

安徽师范大学出版社

图书在版编目(CIP)数据

校园实用经典趣味成语 / 谢芾编. — 芜湖:安徽师范大学出版社, 2011.10
(实用一生的语言精华丛书)
ISBN 978-7-81141-463-9

Ⅰ. ①校… Ⅱ. ①谢… Ⅲ. ①汉语-成语-青年读物 ②汉语-成语-少年读物 Ⅳ. ①H136.3-49

中国版本图书馆 CIP 数据核字(2011)第 208818 号

校园实用经典趣味成语
谢 芾 编

出 版 人:张传开
责任编辑:胡志恒 朱思敏
版式设计:北京盛文林文化中心

出版发行:安徽师范大学出版社
芜湖市九华南路 189 号安徽师范大学花津校区 邮政编码:241002
发 行 部:(0553)3883578 5910327 5910310(传真) E-mail:asdcbsfxb@126.com
经 销:全国新华书店
印 刷:北京富达印刷厂 电话:(010)89581565
版 次:2012 年 3 月第 1 版
印 次:2012 年 3 月第 1 次印刷
规 格:700×1000 1/16
印 张:10
字 数:120 千
书 号:ISBN 978-7-81141-463-9
定 价:16.90 元